城市轨道交通岗位培训系列教材

市域动车组司机标准化作业

严　冬　吴金元　凤　朝◎主　编
申晓旭　干嘉健◎副主编
唐明辉　邵佩璟　许斌彬◎主　审

中国铁道出版社有限公司
CHINA RAILWAY PUBLISHING HOUSE CO., LTD.

内 容 简 介

本书依据人力资源和社会保障部、交通运输部共同制定的《轨道列车司机（城市轨道交通列车司机）国家职业技能标准》和相关规章规范进行编写，包括专业基础知识、故障处理实操技能和应急处置实操技能三篇。本书内容结合视频作业指导书（配套二维码资源）和培训师的授课心得，可为司机掌握高标准的作业流程提供系统化教学。

本书适合作为市域动车组司机的岗位培训用书，也可作为职业技能考核和岗位鉴定参考书，还可作为相关专业院校、企业培训的学习用书。

图书在版编目（CIP）数据

市域动车组司机标准化作业 / 严冬，吴金元，风朝主编. -- 北京 ：中国铁道出版社有限公司，2024. 10.（城市轨道交通岗位培训系列教材）. -- ISBN 978-7-113-31644-0

Ⅰ. U266.2

中国国家版本馆 CIP 数据核字第 2024TG8924 号

书　　名：市域动车组司机标准化作业

作　　者：严　冬　吴金元　风　朝

策　　划：张家畅

责任编辑：张家畅　　**编辑部电话：**（010）83527746

封面设计：刘　颖

责任校对：苗　丹

责任印制：赵星辰

出版发行：中国铁道出版社有限公司（100054，北京市西城区右安门西街 8 号）

网　　址：https://www.tdpress.com/51eds

印　　刷：北京联兴盛业印刷股份有限公司

版　　次：2024 年 10 月第 1 版　2024 年 10 月第 1 次印刷

开　　本：787 mm×1 092 mm　1/16　**印张：**9.75　**字数：**229 千

书　　号：ISBN 978-7-113-31644-0

定　　价：35.00 元

前　言

党的二十大报告中指出："建设现代化产业体系。坚持把发展经济的着力点放在实体经济上，推进新型工业化，加快建设制造强国、质量强国、航天强国、交通强国、网络强国、数字中国。"《"十四五"现代综合交通运输体系发展规划》中提到"打造轨道上的都市圈。建设都市圈多层次轨道交通网络，推进干线铁路、城际铁路、市域（郊）铁路、城市轨道交通融合衔接，合理推动轨道交通跨线运营"。根据中国城市轨道交通协会信息，截至2023年底，我国59个城市开通运营市域快速轨道交通线路里程达1 454.68 km，较2022年增长231.4 km。随着其运营里程的不断增长，市域动车组司机岗位人才紧缺，亟须专业素质过硬的技能型人才。

城市轨道交通专业技能培训被视为培育城市轨道交通专业人才的重要途径之一。本书依据市域动车组司机的标准化作业流程，秉持"安全、准点、舒适、快捷"的服务理念，为市域动车组司机提供专业素质、技术水平、业务能力提升的指南。

本书内容涵盖市域动车组司机的专业基础知识（标准化作业）和实操技能两个方面，依据市域铁路相关规章及城市轨道交通列车司机岗位鉴定标准编写，具有广泛的适用性。同时，本书结合视频作业指导书（见二维码内容）和培训师的授课心得，详细整理了市域动车组司机的作业流程、步骤和关键点，确保讲解内容全面且深入。本书的编写设计能够达到市域动车组司机培训的标准化和可视性，并采用多种方式提升整体教学效果。书中技术问题或难点故障等内容，由企业一线技术骨干编写，以达到信息资源共享、经验积累、培训效率提升的目标。本书目前已完成标准化作业、故障处理、应急处置内容的内容编写，后续改版将继续完善，进一步培养出具备高服务意识和卓越业务技能的市域动车组司机，促进城市轨道交通系统的安全、可靠、高效运营，助力城市现代化交通体系的建设和发展。

本书由严冬、吴金元、凤朝任主编，申晓旭、干嘉健任副主编，徐宇锋、林威、黄锦涛、夏群山、张杭、李彦荣、李峰、董大焕、王佳南、石东东、陈煌斌、翁健、王成、吴醒宇、孙策参与编写，吴俊豪、叶利建、徐志豪进行视频资源制作，全书由唐明辉、邵佩璟、许斌彬主审。

在本书编写过程中，参考了许多相关文献资料，并借鉴了相关企业的技术数据和图片，得到了浙江轨道集团和浙江幸福轨道公司的大力支持和帮助，在此深表谢意。

由于编者水平有限，书中难免存在疏漏与不妥之处，恳请广大读者提出宝贵意见和建议。

编　者

2024年8月

目　录

第一篇　专业基础知识

第一章　市域动车组司机基本要求 …… 2

第一节　司机岗位基本条件和职业道德 …… 2

第二节　司机岗位须具备的心理素质 …… 3

第二章　市域动车组车辆基础知识 …… 6

第一节　车辆概述 …… 6

第二节　牵引供电方式 …… 9

第三节　牵引高压系统 …… 10

第四节　制动系统 …… 12

第五节　辅助系统 …… 14

第六节　司机台操作设备 …… 15

第三章　行车组织规则 …… 23

第一节　列车运行基本规定 …… 23

第二节　行车闭塞法 …… 24

第三节　市域轨道交通信号机显示 …… 26

第四章　司机标准化作业 …… 31

第一节　司机岗位职责和礼仪标准、行为规范 …… 31

第二节　出退勤作业 …… 33

第三节　整备作业 …… 42

第四节　列车出入场作业 …… 60

第五节　列车正线运行作业 …… 65

第六节　列车清客、折返、交接班作业 …… 69

第七节　车场作业 …… 73

第二篇 故障处理实操技能

第一章 故障处理原则 …… 84

第二章 牵引系统故障 …… 85

第三章 制动系统故障 …… 89

第四章 车门系统故障 …… 97

第五章 辅助系统故障 …… 105

第六章 信号系统故障 …… 108

第三篇 应急处置实操技能

第一章 应急处置原则 …… 120

第二章 行车类应急处置 …… 121

第三章 设备故障类应急处置 …… 129

第四章 人为因素应急处置 …… 133

第五章 火灾应急处置 …… 143

附录 …… 149

第一篇

专业基础知识

案例导学

小林即将成为一名市域动车组司机,但要怎么才能成为一名合格的司机呢?首先要经过系统的培训,通常包括以下内容:

(1)理论课程:包括法律法规、交通信号、安全操作规程等基础知识。

(2)实操培训:包括列车驾驶、运行控制、紧急事故处理等实际操作技能的培训。

(3)安全意识:培养司机对安全保障工作的认识和责任,以及应对突发事件的应变能力。

此外,市域动车组司机需要通过专业考试,并获得相应的资格证书才能上岗。在平时工作中,还需要不断接受培训和考核,保持良好的职业素养和驾驶技能水平。

第一章

市域动车组司机基本要求

学习目标

(1)了解市域动车组司机所必须具备的基本资质、职业操守、心理素养、工作态度等内容,致力于塑造健康的心理状态。

(2)提升市域动车组司机在面对压力和挑战时的心理抗压能力以及保持稳定情绪和清晰思维的能力。

第一节　司机岗位基本条件和职业道德

一、基本条件

(1)由于市域动车组司机岗位的特殊性,市域动车组司机必须具备优秀的身体素质,以适应高强度的驾驶和不规律的倒班工作。

(2)市域铁路工作环境具有多样性,包括地下线、地面线和高架线,对司机的工作能力提出了严格的要求。司机必须能够适应各种外在因素,如噪声、磁场、振动以及室内(外)光线变化等,以确保行车安全。

(3)在工作中,司机需要具备严谨的逻辑思维和分析判断能力,以便对相关设备设施进行检查、操作,以及处理列车故障和突发紧急情况。此外,司机还需要符合职业要求的身高、听力、视力和辨色力,以及肢体灵活、动作协调、反应能力等良好的身体素质。

(4)作为直接面对乘客的一线工作人员,司机必须具备高度的服务意识、良好的普通话水平和文字表达、理解能力。在遇到突发情况时,司机应保持冷静、沉着应对,确保乘客的安全以及准时、舒适和快捷出行。

二、职业道德

职业道德是任何职业人士都应具备的基本素质。作为公共交通服务行业,为确保列车的安全、平稳和有序运行,城市轨道交通(市域铁路)的员工职业道德具有其独特的特点。

(1)遵纪守法:根据相关法律法规和规章制度,任何行为均不得超出法律法规和规章允许的范围。司机必须严格执行行车组织规则和车辆段/停车场运作规则的各项要求,以确保运营安全。

(2)敬业爱岗:坚守职业道德,珍视职业荣誉,抵制不良诱惑,保持专业热诚的服务理念、严谨的服务态度以及良好的工作作风。把积极的态度投入工作中，作为行车现场第一责任人，必须以身作则，勇于承担责任，积极寻求解决方案。

(3)服从命令：必须严格遵守上级的工作安排，列车在运行过程中必须服从行车调度员的行车命令，以确保运营秩序正常有序。

(4)规范操作：遵循司机操作手册进行列车操作，按照故障处理指南进行应急处置，以确保列车运行安全。

(5)安全正点：安全是轨道交通的核心理念，确保列车正点运行是企业社会责任的体现，而市域动车组司机则是列车运行安全和正点抵达的重要责任人。

(6)钻研业务：针对新技术、新设备，要不断学习，提高技术业务水平，司机在列车操作过程中要注重总结归纳，优化作业流程和故障处理方法。

(7)节能降耗：应合理操纵列车，避免过度加速和制动，有效利用线路纵断面来合理控制速度，实现节约能源和绿色发展。

(8)团结协作：各岗位人员必须密切协作、相互支持，共同完成运送旅客的任务。列车的安全运行是通过行车调度员、车站值班员、列车司机以及设备维护人员的协同作业来保障的。

本节小结

本节主要论述了市域动车组司机所需具备的基本素质，涵盖了身体素质、逻辑思维等多个方面，鉴于市域动车组运营工作的关键性，司机还必须拥有高度的服务意识，确保服务品质得以保障。

巩固练习

1. 司机的职业道德：____________、____________、____________、____________、____________、____________、____________、____________。

2. 市域铁路工作环境具有多样性，包括____________、____________和____________，对司机的工作能力提出了严格的要求。司机必须能够适应各种外在因素，如____________、____________、____________以及室内(外)光线变化等，以确保行车安全。

3. 作为直接面对乘客的一线工作人员，司机必须具备____________、良好的____________和____________、____________。在遇到突发情况时，司机应____________、____________，确保乘客的____________以及____________、____________和____________出行。

4. 坚守职业道德，珍视职业荣誉，抵制不良诱惑，保持专业热诚的服务理念、严谨的____________以及良好的____________。把积极的态度投入工作中，作为行车现场____________，必须____________，勇于____________，积极寻求解决方案。

第二节 司机岗位须具备的心理素质

心理素质是整体素质的重要组成部分，是在先天素质的基础上，经过后天环境与教育的影响而逐步形成的。一名优秀的市域动车组司机应具备良好的抗压能力、快速反应及危机处理能力。

一、常见心理问题

市域动车组司机是特殊职业人群，其职业的特殊性表现在工作空间单一、作业时持续伴随噪声、振动，注意力高度集中、视觉听觉始终处于警觉状态，并要承受列车行驶时的运动惯性和离心力。这种工作环境和职业特点，使市域动车组司机比一般职业人群更容易出现心理障碍。

(1)行车工作繁重辛苦，持续工作时间较长，对人的精力和体力消耗较大。长期从事紧张的脑力劳动或非常的环境刺激，会引起行为活动能力的减退，主要表现为精神萎靡不振、身体酸软乏力、意识恍惚等症状。

(2)长时间单独作业造成的孤独感，工作内容单调繁复引起的厌倦情绪。这是一种常见的情感障碍，主要表现为无愉快感、工作丧失主动性和积极性、精力明显减退、注意力不能集中、无原因的疲劳感等症状，持续两周不能进行自我缓解可发展为抑郁症。

(3)处理行车事故，不可避免地要面对乘客的抱怨，作为重要的行车岗位、窗口岗位、行车现场第一责任人，不得不面对此类情况。

(4)行车工作必须遵守各项严格的规章制度，使得在工作中充满了束缚感，在每一个工作场所、工作环境中都不自由。

(5)轨道交通(市域铁路)企业管理模式变化多样，新设备、新技术使用频繁，需要不断适应新的环境，对现有模式的习惯与适应导致不易接受工作环境的改变。

(6)必须面对各级考核与评比，企业中员工相互猜疑、不愿协作。人际关系紧张常使员工产生抑郁、烦躁、焦虑、孤独、憎恨及愤怒等不愉快的情绪。

(7)对行车事故的恐惧或心理焦虑，以及面对无力抵御的外界压力时，易产生一种强烈、持久的情绪体验以及相应的行为和生理变化，主要表现为恐慌忧愁、烦躁易怒、坐立不安以及心慌心跳等症状。

(8)紧张反应，心理或身体状态超出稳定状态而引起个体反应，是个体特征与工作环境因素之间的相互作用，在职业条件下，是机体与环境压力不能完全协调好所导致的心理、生理行为表现。此心理问题在我们的职业中极为常见。

二、常见心理问题应对方法

(1)形成正确认知。正确评估自己，接受自己，认识环境，适应环境。作为一名市域动车组司机要正确理解各项规章制度的重要性，换位思考，自觉遵守规章制度。不断学习专业知识，勇于面对新技术的挑战，适应新的岗位要求和素质要求。

(2)自我调整心态。注重职业形象，树立市域动车组司机的职业荣誉感，参加情绪管理训练和培训，认识自己当前的情绪状态，了解自己的情绪周期、特点。学习如何恰当地处理自己的负面情绪；学习在日常生活中如何保持良好心境，如何控制情绪等。

(3)善于应对工作。市域动车组司机要做好职业规划，提升个人工作能力，挖掘工作中的积极面，学会分解、传递压力，做时间的主人，把工作和休息分开。要充分认识到岗位与其他岗位的相关性，搞好工作中的人际关系，团结协作，积极营造和谐的工作环境。

(4)掌握减压技术。市域动车组司机可通过心理知识的学习,掌握减压技术,进行放松舒缓训练。在工作之余,积极参加各种文化体育活动,通过阅读等各种活动转移注意力,缓解紧张的心理压力。

本节小结

本节重点论述了市域动车组司机所需具备的心理素质,强调了除专业驾驶技能外,司机还必须能够应对身体、心理以及外界环境等多重复杂因素的挑战。这些因素有可能对列车运行产生影响,因此,司机必须掌握有效的压力缓解技巧,以保持良好的心理状态。这一要求对于确保未来的安全驾驶至关重要,并为司机的职业生涯打下坚实的基础。

巩固练习

1. 市域动车组司机是特殊职业人群,其职业的特殊性表现在____________、作业时持续伴随____________、____________,注意力高度集中、视觉听觉始终处于警觉状态,并要承受列车行驶时的____________性和____________。

2. 市域动车组司机可通过心理知识的学习,掌握____________,进行____________训练。在工作之余,积极参加各种文化体育活动,通过阅读等各种活动转移注意力,缓解紧张的心理压力。

3. 注重职业形象,树立市域动车组司机的____________,参加情绪管理训练和培训,认识自己当前的____________,了解自己的情绪周期、特点。学习如何恰当地处理自己的____________;学习在日常生活中如何保持良好心境,如何控制情绪等。

第二章

市域动车组车辆基础知识

学习目标

（1）了解市域动车组车辆的编组方式及车辆的基本参数。

（2）了解市域动车组车辆供电方式。

（3）了解市域动车组牵引系统、制动系统及辅助供电系统基础知识。

（4）了解市域动车组制动系统设备及功能。

（5）掌握司机室设备的分布，操作台设备的布置及功能。

第一节　车辆概述

市域动车组车辆作为市域铁路运营的关键构成要素，归属于现代城市轨道交通系统的关键设施。下面对市域动车组车辆的分类及其D型车辆特性进行介绍。

一、车辆分类与设备布置

市域动车组车辆根据《城市轨道交通市域快线120 km/h～160 km/h车辆通用技术条件》(GB/T 37532—2019)分为：A型车辆、B型车辆和D型车辆。其中，A型车辆是一种较为简单、常见的结构形式，主要用于短途和轻负荷的城市铁路线路。相比之下，B型车辆则针对高性能和高负荷场合而设计，具有比A型车辆更优异的性能指标；而D型车辆则是市域动车组车辆领域中的最新研发成果，拥有极高的技术含量和创新性，是目前市域动车组车辆的发展趋势。

D型车辆是市域铁路车辆领域中的新星，它相比之前的车辆在载重、能源效率、智能化等方面均有较大提升。

1. 市域动车组车辆基本宽度

A型车辆基本宽度为3 000 mm，B型车辆基本宽度为2 800 mm，D型车辆基本宽度为3 300 mm。

2. 牵引动力分配和车地设备

市域动车组车辆按牵引动力配置分为动车和拖车。市域动车组列车均为固定编组，由动车和拖车组成。动车自身具有动力装置，具有牵引与载客功能，动车又可分为带受电弓的动车(Mp)和不带受电弓的动车(M)。拖车不装备动力装置，具有载客功能，设置驾驶室(Tc)。

动车和拖车车底设备各不相同，车底设备布置见表 1-2-1。

表 1-2-1　车底设备布置

序号	设备名称	Tc 车	Mp 车
1	拖车转向架	√	/
2	动车转向架	/	√
3	牵引变压器	√	/
4	辅助控制单元	√	√
5	撒砂装置	√	√
6	制动控制单元	√	√
7	蓄电池箱	√	/
8	辅助空气压缩机	/	√
9	制动网关单元	/	√
10	牵引变流器	/	√
11	空气压缩机	√	/
12	总风缸	√	√
13	空气弹簧供风缸	√	√
14	接地电阻	√	/

二、列车编组

(1)列车编组方式：运营时一般采用动拖结合，固定编组。编组形式很多，以四节车“二动二拖”为例：+Tc1 - Mp1 - Mp2 - Tc2 +(+代表自动车钩，-代表半永久牵引杆)，如图 1-2-1 所示。

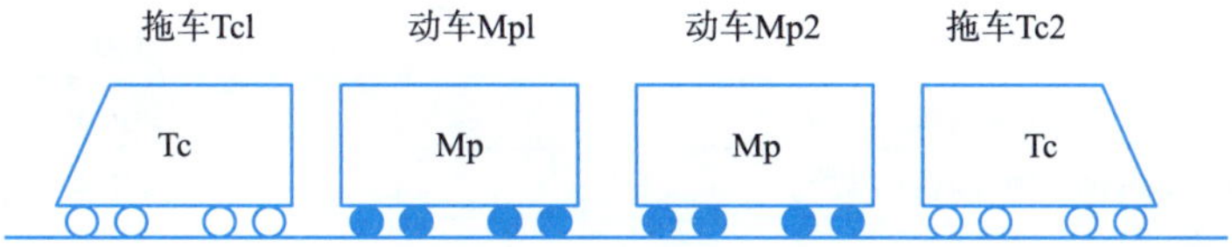

图 1-2-1　固定编组方式

(2)车辆定位：Tc 车司机室端为一位端，中间车(Mp1、Mp2)靠近受电弓的一端为一位端，站在车内面对一位端右侧为一位侧，左侧为二位侧，如图 1-2-2 所示。

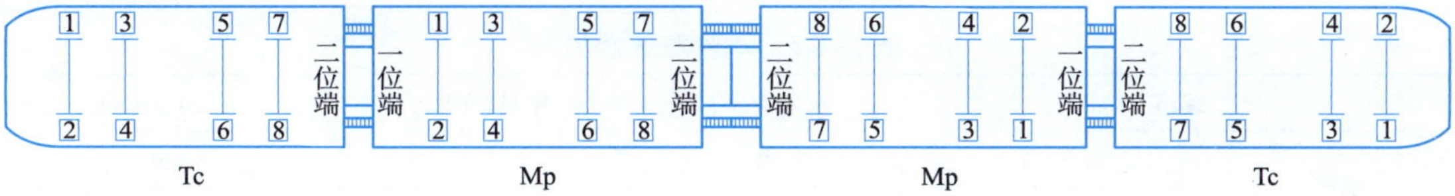

图 1-2-2　车辆定位示意图

三、车辆主要技术参数

1. 车辆基本参数

车辆基本参数见表 1-2-2。

表 1-2-2 车辆基本参数

基本参数		数值
车体长度(车钩连接面之间)/mm	Tc 车	23 800
	Mp 车	22 000
车辆长度(车钩连接面之间)/mm	Tc 车	24 650
	Mp 车	22 800
车辆顶面距走行轨顶面高度(受电弓落弓)/mm		4 640
客室内净高/mm		2 180
客室地板面距走行轨顶面高度/mm		1 280
车体最大宽度/mm		3 300
车辆两转向架中心距/mm		15 700
固定轴距/mm		2 500
车轮直径(新轮)/mm		860
车轮半磨耗直径/mm		825
车轮最大磨耗直径/mm		790
客室侧门宽度/mm		1 300
每侧车门数/对		4
侧门净开度/mm		1 300
侧门高度/mm		1 850
最高运行速度/($km \cdot h^{-1}$)		140
列车构造速度/($km \cdot h^{-1}$)		160
列车从 0 加速到 40 km/h 的加速度/($m \cdot s^{-2}$)		≥0.8
列车从 0 加速到 140 km/h 的加速度/($m \cdot s^{-2}$)		≥0.4
最大常用制动的加速度/($m \cdot s^{-2}$)		≥1.0
紧急制动的加速度/($m \cdot s^{-2}$)		≥1.2
全车最大牵引功率/kW		2 560

2. 车辆载客能力

车辆载客能力见表 1-2-3。

表 1-2-3 车辆载客能力

编组		座席(AW1)	定员(AW2)	超员(AW3)
单车/人	Tc 车	48	218	320
	Mp 车	48	233	344
列车/人	四辆编组	192	902	1 328

注:额定载客按 5 人/m^2 计算;超员载客按 8 人/m^2 计算;乘客人均重量按 60 kg/人。

本节小结

本节详述市域动车组列车的各项基本参数，包括长度、宽度、高度和载客能力等。

巩固练习

1. 市域铁路车辆按照构造形式和列车用途分为：____________、____________和____________。

2. 市域铁路车辆A型、B型、D型车辆基本宽度，A型为____________mm，B型为____________mm，D型为____________mm。

3. 列车最大常用制动加速度为____________，紧急制动加速度为____________。

4. 整列车载客量在AW1工况下为____________人，AW2工况下为____________人，AW3工况下为____________人。

第二节　牵引供电方式

采用架空接触网工频25 kV交流供电制式的市域轨道交通，其供电方式在世界范围内被公认为是最经济和最有效的。作为一种交流供电系统，它能够有效解决直流供电制所带来的电路损耗问题，供电距离可达到40 km以上，其供电范围能够满足大容量轨道交通的需求。这种供电方式主要应用于干线铁路、市郊列车以及近郊快速轨道车辆等。牵引变电所可将110 kV电压变为单相27.5 kV和6/10 kV。6/10 kV电压再通过同相供电装置升压为27.5 kV，最后通过上网馈线向全线接触网供电。而电力变电所会将110 kV电压降至20 kV，然后通过环网电缆向全线降压变电所供电。同相供电系统可以使同一主变电所出口的供电分区具有相同的电压相位，即相位相同的单相供电系统。

架空接触网采用单相工频25 kV交流电，线路在地面、高架和山岭隧道内采用柔性悬挂接触网，地下线采用刚性悬挂接触网；车辆段范围内的线路采用柔性悬挂接触网。

接触网采用带回流线的直接供电方式，接触网额定电压为AC 25 kV，长期最高电压为AC 27.5 kV，短时（5 min）最高电压为29 kV，设计最低电压为20 kV。

一、线路供电方式

1. 分区所

通过分区所将上、下行接触网末端并联起来供电，提高末端电压。当相邻的变电所停电时，通过分区所实现越区供电。其中一个供电分区接触网故障时，由馈线断路器和分区所断路器配合切除故障区段、缩小故障范围。

2. 开闭所

开闭所引入多路电源，当一路电源故障时，可由其他路电源供电，实现分束、分段供电，提高供电的可靠性，缩小停电范围，减少事故对线路运行的影响。

二、车辆段供电方式

车辆段设备供电，从地方电网接引，车辆段内通过配电房提供给车辆段 380 V/220 V 的动力、照明等相关低压用电设备使用。车辆段内接触网供电，即市域动车组牵引用电，为交流 27.5 kV，从牵引变电所沿正线引入，通过分区所兼开闭所提供。

分区所兼开闭所设置在车辆段，同时有分区所和开闭所功能。

本节小结

本节详述市域动车组列车的线路供电方式，接触网供电为 27.5 kV。车辆段从地方电网接引，为车辆段设备提供 380 V/220 V 的电力。

巩固练习

1. 市域动车组供电采用单相工频________架空接触网，线路在地面、高架和山岭隧道内采用________接触网，地下线采用________接触网；车辆段范围内的线路采用________接触网。

2. 接触网采用带回流线的直接供电方式，接触网额定电压为 AC 25 kV，长期最高电压为________，短时(5 min)最高电压为________，设计最低电压为________。

第三节 牵引高压系统

一、系统组成

(1)高压系统由受电弓、电压互感器、避雷器、主断路器(含保护接地开关)、高压隔离开关、电流互感器、高压电缆组件组成，采用 AC 25 kV 供电，采用单弓受流，另一台受电弓备用。主断路器和高压隔离开关对主回路进行开关和隔离。

(2)牵引系统由牵引变压器、牵引变流器和牵引电动机组成。

二、设备分布

(1)受电弓、高压隔离开关、电压互感器、避雷器、主断路器(含保护接地开关)设置在 Mp1、Mp2 车顶。

(2)电流互感器位于 Tc1、Tc2 车下。

(3)Tc 车的接地装置安装在 1 位侧的 2 轴、3 轴，Mp 接地装置安装在驱动轴齿轮装置的非车轮一侧。

三、工作原理

受电弓从接触网接收 25 kV 的交流电，通过车顶和车端的高压电缆将电能输送到 Tc1、Tc2 车下的牵引变压器。牵引系统主电路示意图如图 1-2-3 所示。

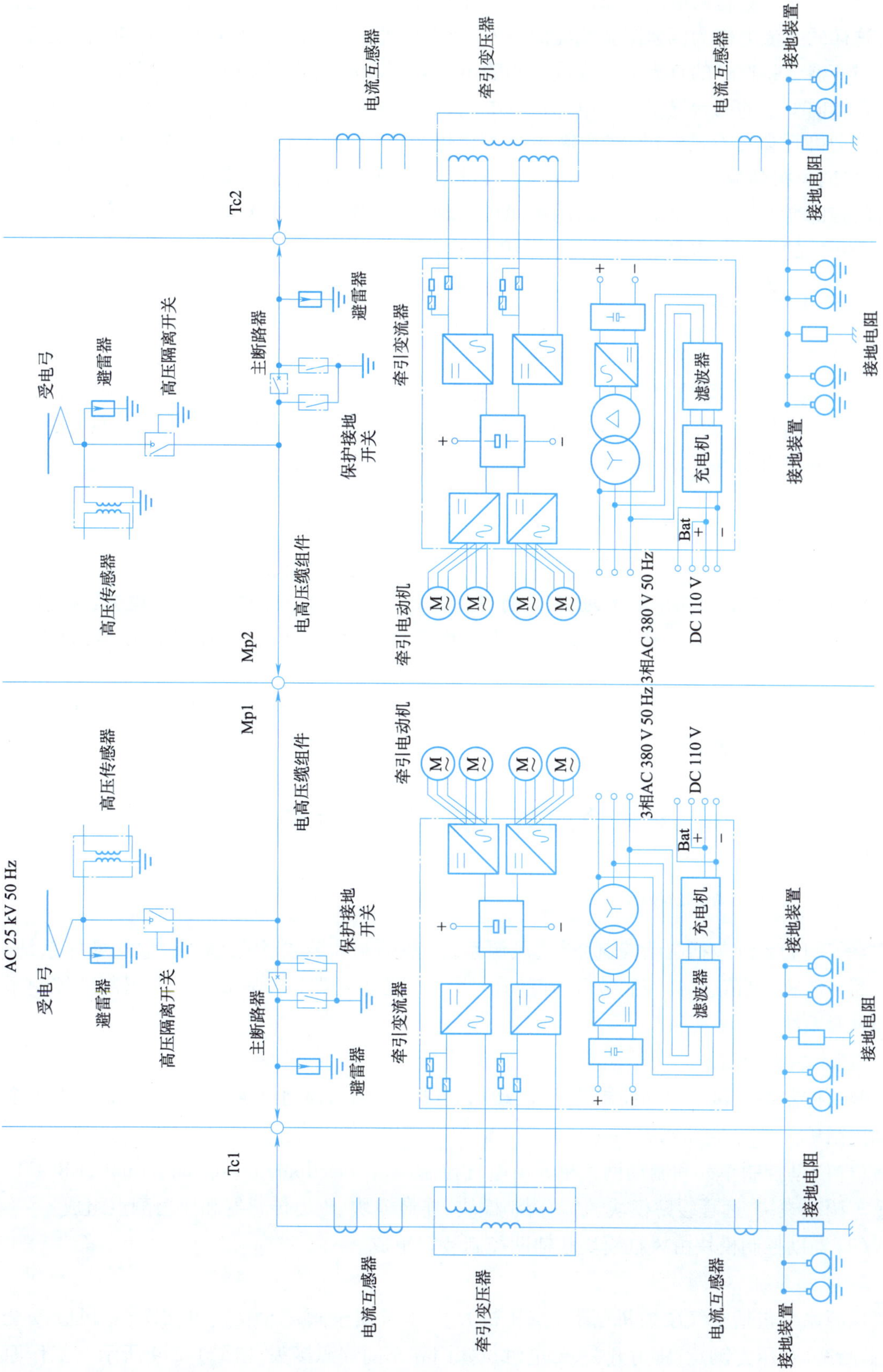

图 1-2-3　牵引系统主电路示意图

牵引变压器会将由电网提供的25 kV单相交流电，经整流处理后，转换为970 V的直流电。这样的直流电作为四象限整流器的输入，经再处理后，转化为1 800 V的直流电。之后，牵引逆变器会将这样的直流电逆变成三相的可变频率和电压的交流电，并以架控模式，分别向每台转向架上的两台异步牵引电动机供电，从而实现车辆的牵引动力。在电制动工况时，牵引电动机则会成为发电机，将车辆的动能转化为电能，输入到牵引变流器的中间直流环节，再经四象限整流器的单相逆变处理后，通过牵引变压器和受电弓反馈回电网。电气牵引系统的辅助逆变器会从牵引主回路的中间环节取电，输出三相380 V的交流电。充电机会从三相380 V的交流电中取电，然后输出110 V的直流电。

本节小结

本节详述市域动车组列车的牵引高压系统，从设备组成、分布和工作原理进行讲解。受电弓从接触网接收25 kV的交流电，经牵引变压器整流转换为970 V的直流电作为四象限整流器的输入，再转化为1 800 V的直流电向每台转向架上的两台异步牵引电动机供电，从而产生车辆的牵引动力。

巩固练习

1. 牵引系统由____________、____________和牵引电动机组成。

2. 牵引变压器会将由电网提供的25 kV____________，经整流处理后，转换为____________的直流电。这样的直流电作为四象限整流器的输入，经再处理后，转化为____________的直流电。

3. 电气牵引系统的辅助逆变器会从牵引主回路的中间环节取电，输出三相____________的交流电。

第四节 制动系统

一、空气制动系统组成

空气制动系统包括制动控制系统、风源系统、基础制动装置、防滑系统、空气悬挂系统、轮缘润滑装置、风笛、解钩控制装置、辅助升弓装置、联挂装置等。本节重点介绍制动控制系统和风源系统。

1. 制动控制系统

制动控制系统包括制动控制单元、制动网关单元和辅助控制模块。每辆车分别配有1个制动控制单元、1个制动网关单元和1个辅助控制模块。

(1)制动控制单元和制动网关单元由电气控制模块(electronic brake control unit，EBCU)、空重车调整模块、远程缓解模块、制动控制模块、连通模块、压力传感器和压力测点组成。

(2)辅助控制模块由风缸模块和辅助控制装置组成。

2. 风源系统

风源系统包括空气压缩机(简称空压机)、空压机安全阀、干燥器、单向阀、总风管安全阀、截断塞门、压力测点、压力开关、带电触点塞门和车间气源接头，如图1-2-4所示。工作原理:由空气压缩机产生的压缩空气,经过空压机安全阀、干燥器、单向阀、总风管安全阀、空机软管给所有用风设备提供用风。

图 1-2-4　风源系统实物图

二、制动系统控制方式

制动系统采用“一动一拖”为一个控制单元的微机控制的直通式电空混合制动系统,制动控制采用架控方式,每辆车配有两套电空制动控制模块。

制动系统的功能如下:

(1)具有防滑控制、载荷补偿、预压力和电制动预衰减校正(补偿)、强迫缓解功能。

(2)具有制动不缓解检测、制动力不足检测、故障诊断及记录功能。

(3)能在司机控制器、ATO 或信号的控制下对列车进行制动与缓解。

三、制动模式

(1)常用制动。常用制动采用电制动与空气制动实时协调配合、电制动优先、空气制动延时投入、电制动不足时在各转向架平均补充空气制动的混合制动方式,即按“等磨耗”方式进行混合制动。为增加空气制动响应速度,制动系统设有预压力功能。

(2)快速制动。快速制动的具体实现方案与常用制动方案相同。

(3)紧急制动。紧急制动是纯空气制动,紧急制动一旦施加,须列车停车才能缓解。

(4)保持制动。制动系统具有保持制动功能,可以防止列车在坡道上启动时溜车。当制动控制模块(brake control unit,BCU)检测到无硬线牵引信号且列车零速(小于 1 km/h)时,将自动施加 70% 最大常用制动力的保持制动,并通知列车控制和管理系统(train control and management system,TCMS)本车已施加保持制动。保持制动只施加纯空气制动。

(5)停放制动。停放制动由弹簧施加,采用充气缓解,可通过操作停放制动施加/缓解按钮实现停放制动的施加或者缓解。同时,停放制动还可以通过手动缓解拉绳进行机械缓解。

本节小结

本节详述市域动车组列车的制动系统,包括空气制动系统组成、制动系统控制方式、制动模式。空气制动系统组成包括制动控制系统、风源系统。制动模式为常用制动、快速制动、紧急制动、保持制动、停放制动。

巩固练习

1. 制动模式分为：__________、__________、__________、__________、停放制动。

2. 风源系统包括空气压缩机、__________、__________、单向阀、总风管安全阀、截断塞门、压力测点、压力开关、带电触点塞门和车间气源接头。

3. 紧急制动施加后如何才能缓解：__________。

第五节 辅助系统

一、辅助系统

1. 辅助逆变器

辅助逆变器从牵引变流器中间直流回路取电，经过逆变、降压和滤波后输出三相 AC 380 V、50 Hz 电流，为空调系统、主空压机、牵引系统冷却风机等设备供电。

2. 充电机

充电机从辅助逆变器输出的三相 AC 380 V 取电，经过整流、降压和滤波后输出 DC 110 V 电流，为控制系统、照明、影视广播等设备供电。

二、辅助系统设备的工作原理

辅助系统采用并网供电模式。正常情况下，两台辅助逆变器同时向全列交流负载供电，并留有一定的冗余。当某一台辅助逆变器发生故障时，通过切断故障辅助逆变器的输出接触器 K 将其隔离，另一台正常的辅助逆变器向全列负载供电，此时全列空调半载运行，且可启动一台空气压缩机，其他负载正常工作；AC 380 V 母线上在 2 号、3 号车之间设置隔离接触器 TB（设置在 2 号车交流接触器箱内），当任一台辅助逆变器输出端三相 380 V 交流母线发生接地短路等故障时，司机可通过 TCMS 显示器远程控制 TB 的分断，将故障单元的三相 380 V 母线隔离，避免故障进一步扩大，如图 1-2-5 所示。

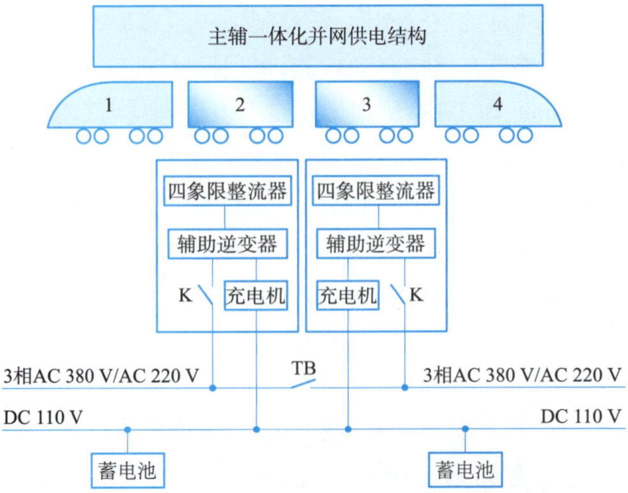

图 1-2-5 辅助系统工作原理

本节小结

本节详述市域动车组列车辅助系统的组成和工作原理，辅助逆变器从牵引变流器中间直流回路取电，为空调系统、主空压机、牵引系统冷却风机等设备供电。充电机从辅助逆变器输出的三相 AC 380 V 取电，为控制系统、照明、影视广播等设备供电。

巩固练习

1. 辅助逆变器从____________中间直流回路取电，经过逆变、降压和滤波后输出三相 AC 380 V、50 Hz 电流，为____________、____________、____________等设备供电。

2. 充电机从____________输出的三相 AC 380 V 取电，经过整流、降压和滤波后输出____________，为____________、照明、影视广播等设备供电。

第六节　司机台操作设备

一、市域动车组司机室

列车的每个 Tc 车前端都配备了一个司机室。司机室内包含操作台等设备，两侧没有方便进入的侧门，与客室通过间壁门连通。

司机室前部配置了前照灯（若此端未激活，亮起防护性红色灯光，作尾灯使用）、标志灯（红色和白色，LED 灯）、逃生门以及刮雨器，如图 1-2-6 所示。为确保司机室的安全，前窗使用了高强度、高抗冲击性的安全玻璃，并配备了遮阳帘。

图 1-2-6　司机室的前部

内部装备包括驾驶操作台、司机室电气柜、司机室信号柜、左右侧屏幕、乘客信息系统（passenger information system，PIS）监控触摸屏、司机室照明设备、司机室空调设备、司机室座椅、灭火器、司机室侧门、司机室储物柜以及逃生门等设施，如图 1-2-7 所示。

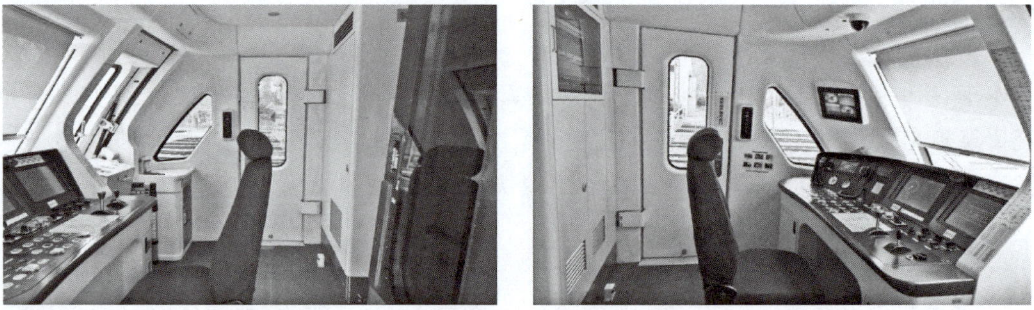

（a）左视图　　（b）右视图

图 1-2-7　司机室的内部

二、司机台设备布置及功能

1. 设备布置及功能介绍

操作台实物图如图 1-2-8 所示，各设备功能介绍见表 1-2-4。

图 1-2-8　操作台实物图

表 1-2-4　操作台设备功能介绍

序号	设备名称	功能介绍	外形图
1	无线车载台	车载台控制面板，与地面进行通信的设备	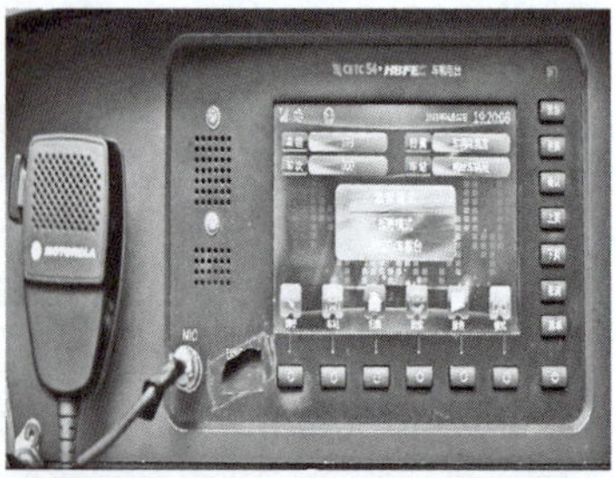
2	网压表	列车受流电压显示（正常范围 17.5～29 kV）	

续表

序号	设备名称	功能介绍	外形图
3	双针压力表	红针：总风缸压力 白针：当前 Tc 车第一转向架制动缸压力	
4	广播控制盒	对列车广播系统进行操作，可设置广播报站模式，进行人工广播或司机室对讲	
5	TOD 信号显示屏	用于信号系统信息显示和操作提示	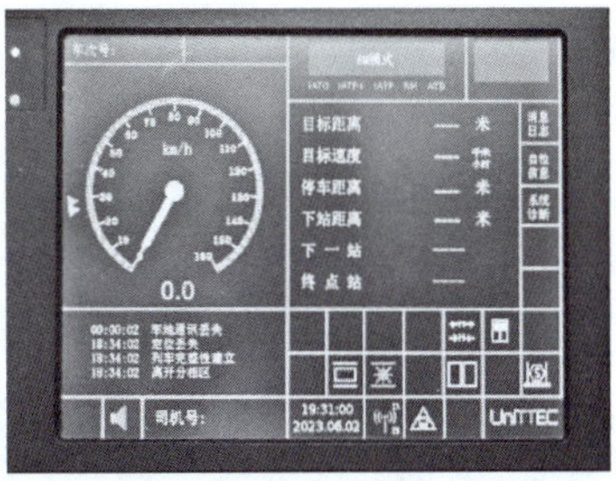
6	HMI 车辆显示屏	用于车辆系统信息显示、状态监控和远程操作	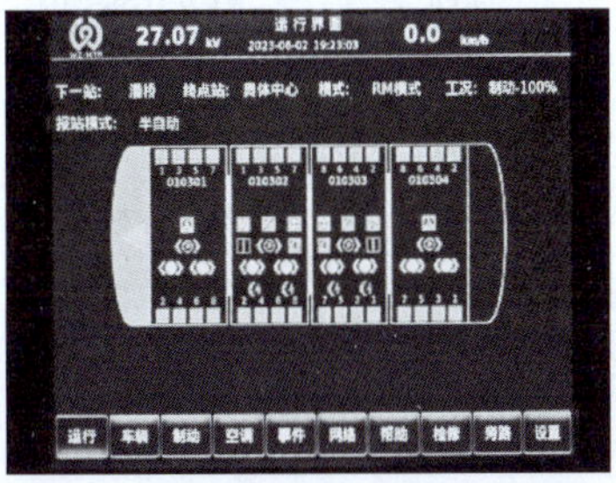

2. 司机台按钮布置

司机台按钮布置如图 1-2-9 所示，各设备功能介绍见表 1-2-5。

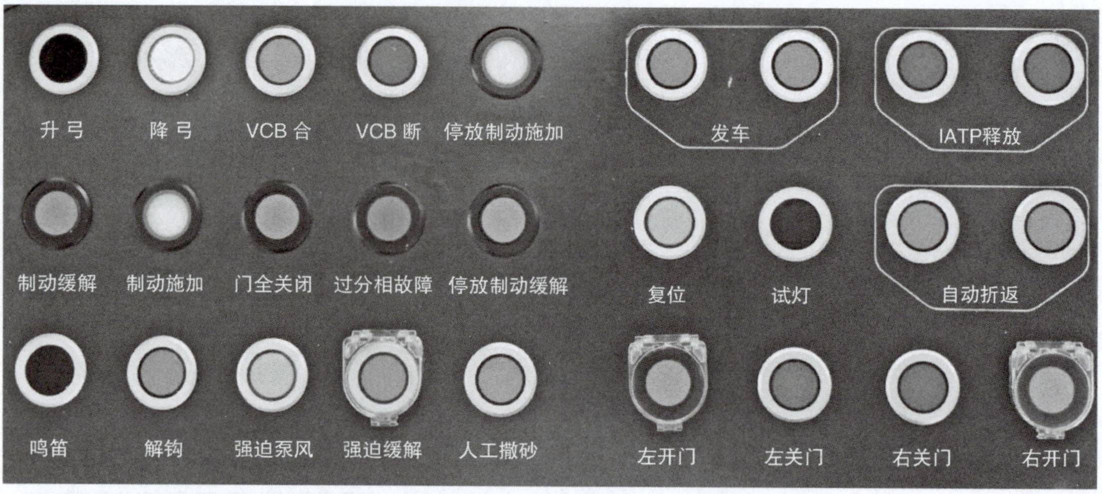

图 1-2-9 司机台按钮布置

表 1-2-5 司机台按钮设备功能介绍

序号	设备名称	设备描述	功能介绍
1	升弓	自复位按钮	按下保持 2 s 以上受电弓升起
2	降弓	自复位按钮	按下受电弓降下
3	VCB 合	自复位按钮	按下闭合主断路器
4	VCB 断	自复位按钮	按下断开主断路器
5	停放制动施加	自复位按钮(带灯)	按下施加列车停放制动
6	发车	自复位按钮	同时按下两个按钮,在 ATO 模式下列车启动运行
7	IATP 释放	自复位按钮	同时按下两个按钮,在 ATP/ATP+模式下为信号系统提供推荐速度
8	制动缓解	指示灯	灯亮(绿色)表明列车空气制动缓解
9	制动施加	指示灯	灯亮(红色)表明列车空气制动施加
10	门全关闭	指示灯	灯亮(绿色)表明车门全关
11	过分相故障	指示灯	灯亮(红色)表明过分设备故障
12	停放制动缓解	自复位按钮(带灯)	按下列车停放制动缓解,灯亮表示缓解状态
13	复位	自复位按钮	按下复位牵引变流器
14	试灯	自复位按钮	按下测试操作台及侧屏各指示灯(含按钮指示灯)是否正常
15	自动折返	自复位按钮	按下可在信号模式下启动自动折返功能
16	鸣笛	自复位按钮	按下风笛鸣响
17	解钩	自复位按钮	用于 Tc 车端车钩解锁
18	强迫泵风	自复位按钮	强制两台空压机同时启动,快速打风
19	强迫缓解	自复位按钮	制动无法缓解时,按此按钮强迫缓解制动力
20	人工撒砂	自复位按钮	按下按钮,撒沙装置开始撒砂
21	左开门	自复位按钮(带灯)	灯亮表示具备门使能,按压到底保持 2 s 以上,打开列车客室左侧(行进方向)车门
22	左关门	自复位按钮	按压到底保持 2 s 以上,关闭列车客室左侧(行进方向)车门

续表

序号	设备名称	设备描述	功能介绍
23	右关门	自复位按钮	按压到底保持2 s以上,关闭列车客室右侧(行进方向)车门
24	右开门	自复位按钮(带灯)	灯亮表示具备门使能,按压到底保持2 s以上,打开列车客室右侧(行进方向)车门

3. 旋钮、紧急制动按钮布置及功能

旋钮、紧急制动按钮布置如图1-2-10所示,各设备功能介绍见表1-2-6。

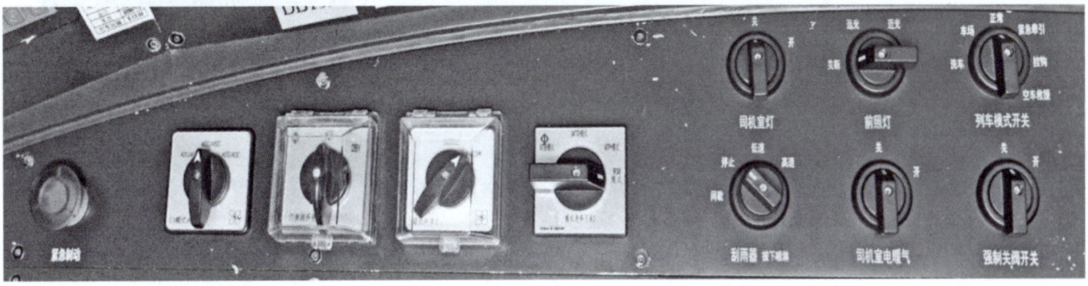

图1-2-10　旋钮、紧急制动按钮布置图

表1-2-6　旋钮、紧急制动按钮设备功能介绍

序号	设备名称	功能介绍	外 形 图
1	紧急制动按钮	自保持紧急制动按钮,按下即施加紧急制动	
2	门模式开关	信号系统控门模式三位自保持选择开关 ADO/MDC:自动开门、人工关门 MDO/MDC:人工开门、人工关门 ADO/ADC:自动开门、自动关门	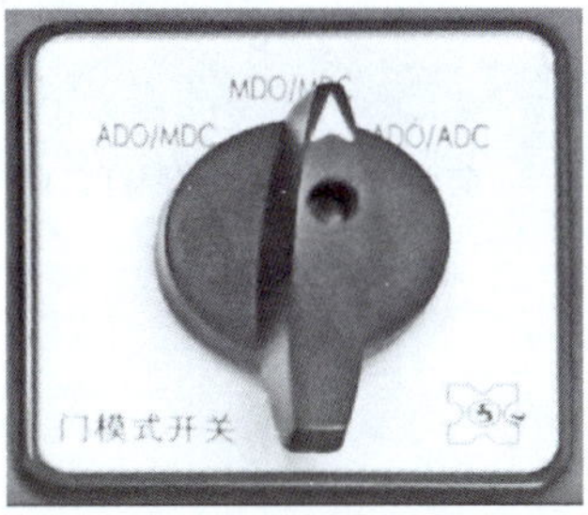
3	门旁路开关	信号系统控门旁路自保持开关 NOR:信号模式提供门使能 DBY:车辆系统提供强制门使能信号,允许人工操作开关门	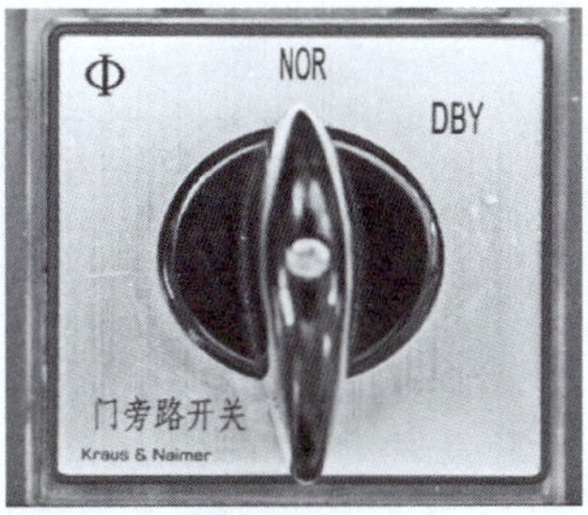

续表

序号	设备名称	功能介绍	外 形 图
4	模式开关2	信号自保持开关 NRM:非限人工驾驶模式,信号系统故障时操作至 NRM 模式 NOR:信号模式	
5	模式选择开关1	信号模式下运行模式选择开关,为五位自保持开关,提供 RM 模式、ATP + 模式、IATO 模式、ATB 模式、IATP 模式	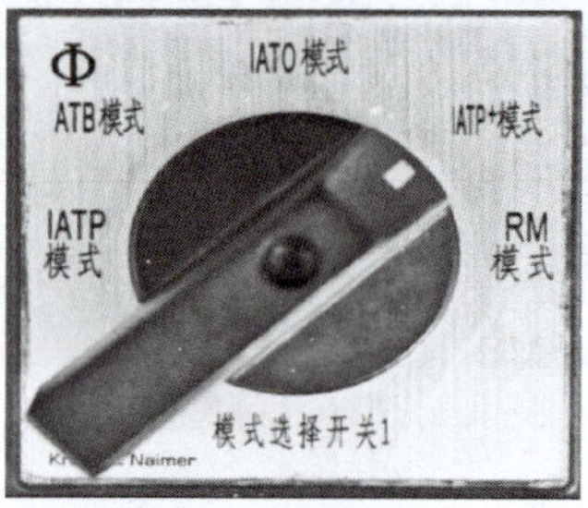
6	司机室灯	司机室照明自保持开关	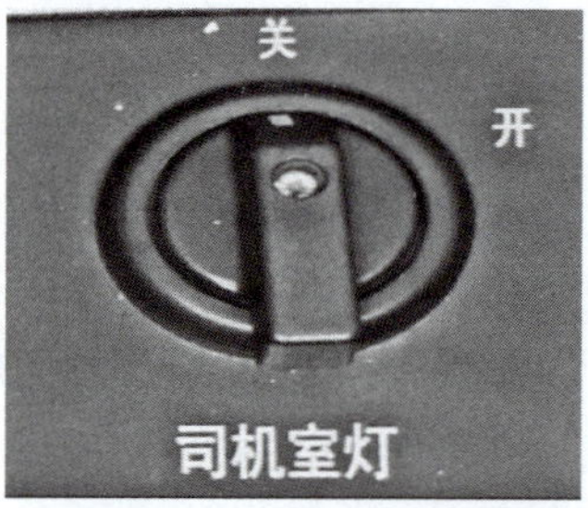
7	前照灯	前照灯自保持开关,提供近光、远光、关断调节	
8	列车模式开关	列车运行模式选择开关,为自保持开关,提供洗车模式、车场模式、正常模式、紧急牵引模式、挂钩模式、空车救援模式	

续表

序号	设备名称	功能介绍	外 形 图
9	刮雨器	自保持开关，控制刮雨器动作，进行挡位调节，按下进行喷淋	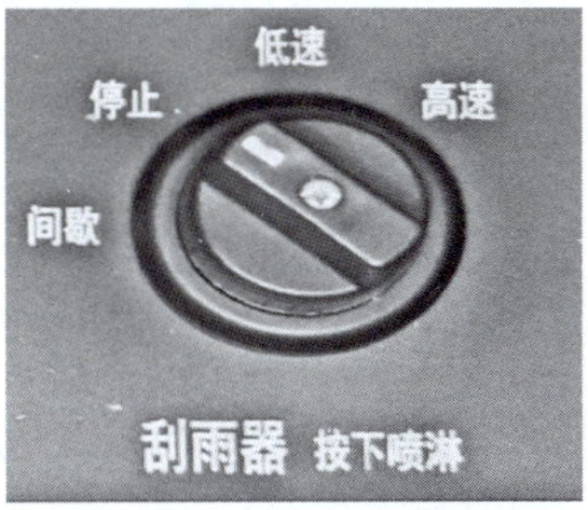
10	司机室电暖风	自保持开关，司机室电暖风开关	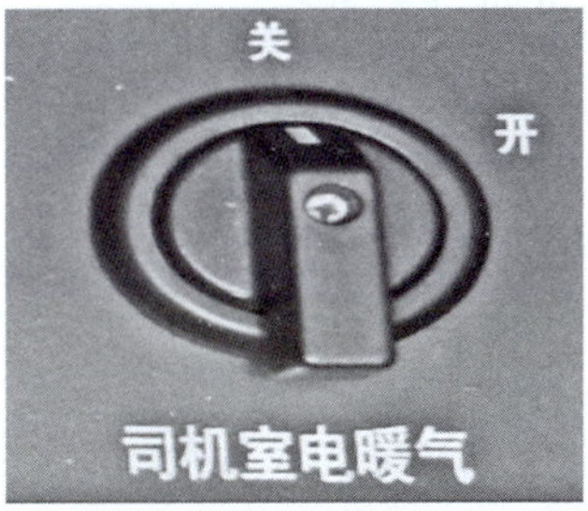
11	强制关阀开关	自保持开关，压力波装置	

4. 列车驾驶控制器

列车驾驶控制器如图 1-2-11 所示，设备功能介绍见表 1-2-7。

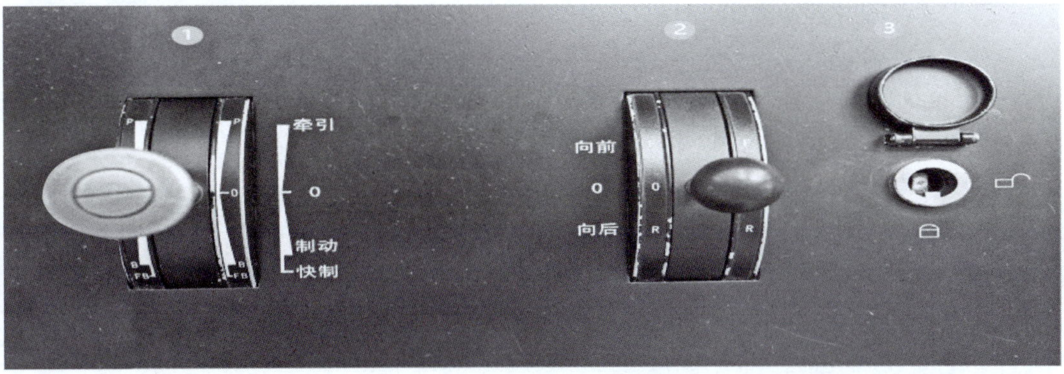

图 1-2-11　列车驾驶控制器

表 1-2-7 列车驾驶控制器设备功能介绍

序号	设备名称	功能介绍
1	牵引制动手柄	向前推为牵引，向后拉为制动，最下方为快速制动
2	方向手柄	对列车前进、后退方向进行控制
3	钥匙开关	司机对列车主控端进行控制，钥匙旋至🔓当前端车辆司机台激活，旋至🔒关闭

钥匙开关、方向手柄、牵引制动手柄三者关系：

(1)当钥匙开关处于“🔓”位，方向手柄才可打至向前或者向后；当方向手柄处于向前或者向后，牵引制动手柄才可动作。

(2)牵引制动手柄置于“0”位，方向手柄才可回“0”位；当方向手柄放置于“0”位，钥匙开关才可回“🔒”位。

本节小结

本节详述市域列车组列车的司机室布局，以及司机室内相关按钮、旋钮、控制器的基本操作方法和功能，以便司机能够熟练操作列车。

巩固练习

1. 在司机室的前方，配置了____________、____________（红色和白色，LED 灯）、____________以及刮雨器。为确保司机室的安全，前窗使用了高强度、高抗冲击性的安全玻璃，并配备了____________和____________。

2. 司机台面上双针压力表的红针表示____________，白针表示____________。

3. 当钥匙开关处于“🔓”位，方向手柄才可打至____________；当方向手柄处于向前或者向后，____________手柄才可动作；牵引制动手柄置于“0”位，方向手柄才可回“0”位，当方向手柄放置于____________位，钥匙开关才可回“🔒”位。

第三章

行车组织规则

学习目标

(1)了解行车原则，掌握信号机的布置原则。

(2)掌握电话闭塞使用时机及其行车组织区域、行车凭证。

(3)掌握正线和车辆段信号显示的含义。

第一节　列车运行基本规定

一、行车时间

行车时间的计算以北京时间为准，从零时开始计算，实行 24 h 制。行车日期划分以零时为界限，在零时以前已经办妥的行车手续，零时以后仍视为有效。这个规定可以避免因为时间界限的模糊而引起混乱和纠纷，保证了行车管理的准确性和公正性。

二、基本规定

(1)行车调度员(行调)负责正线及配线的行车组织，车场调度员(场调)负责车场内的行车组织。在进行与正线及配线相关或影响行车的作业之前，必须获得行车调度员的批准。

(2)司机必须严格遵守运营时刻表规定的时间，按车载信号、地面信号和行车调度员指令行车。

(3)列车在运行中司机应在前端驾驶。推进运行时，须有司机在前端驾驶室引导和监控列车运行。

(4)客车、工程列车、救援列车、调试列车出/入车场均按列车办理，车场控制中心(depot control center，DCC)的 DCC 值班员可根据作业需要排列进路接发车。

(5)在车场范围内，正常情况下列车运行以地面信号显示为主；非正常情况下以手信号显示为主，无线通信设备作为辅助手段。

(6)行车有关人员必须服从行车调度员指挥，执行行车调度员命令，行车调度员应严格按列车运行图指挥行车。

(7)客车(包括添乘人员)由司机负责现场管理，工程列车(包括随车人员)由车长负责现场管理。

(8)指挥列车运行的命令只能由行车调度员发布。行调发布命令前应详细了解现场情况,听取有关人员意见。调度命令发布须遵循"一事一令"的原则。发布书面命令时须给出调度命令号码和行车调度员代码。

(9)调度命令内容应简明扼要,用语规范。调度命令可使用无线/有线调度电话或信息化系统直接向司机、行车值班员、场调等人员发布,受令人必须逐句复诵,未复诵或复诵不清楚的视为命令无效;同时向2个及以上受令人发布命令时,应指定其中一人复诵,其他人核对,确保无误。

本节小结

本节讲述了行车组织的基本概念及要求,行车时间的规定和行车组织的基本规定。正线及配线的行车组织由行车调度员负责,车场内的行车组织由车场调度员负责。

巩固练习

1. 行车时间的计算以__________为准,从零时开始计算,实行__________制。
2. 司机必须严格遵守__________规定的时间,按__________、__________和行车调度员指令行车。
3. 指挥列车运行的命令只能由__________发布。
4. 调度命令发布须遵循"__________"的原则。发布书面命令时须给出__________和__________。

第二节 行车闭塞法

一、闭塞定义

为了确保列车行驶安全,必须确保列车之间保持一定的安全防护空间,这种安全防护空间被称为"闭塞"。常见的闭塞方法包括:进路闭塞法、电话闭塞法和电话联系法等。

二、闭塞种类

1. 进路闭塞法

进路闭塞法是将线路划分为多个进路区段,确保在每个区段内只允许一列列车运行,以确保前行列车与追踪列车之间保持一定的安全距离。列车根据地面信号或车载信号的指示运行,这是一种常用的行车闭塞方法。

(1)具备列车自动防护(automatic train protection,ATP)保护时的进路闭塞法,其特点见表1-3-1。

表1-3-1 具备ATP保护时进路闭塞法的特点

具备ATP保护	特点
运行模式	正常驾驶模式为ATO、ATP+、ATB模式,信号系统提供推荐速度、列车超速防护和临时限速功能,列车按推荐速度运行。在站台接近区域及站台区域,信号系统提供列车超速及连续防护功能、车门与站台门联动功能等 通信无法建立时,采用ATP驾驶模式,信号系统提供推荐速度、列车超速防,列车按推荐速度运行

续表

具备ATP保护	特　点
闭塞区段	同方向相邻两架信号机间的区域
行车凭证	列车凭地面信号及车载信号(推荐速度码)显示运行
进路占用	一个闭塞区段内只允许一列车占用
折返方式	自动驾驶折返模式(ATB)和人工驾驶折返模式

(2)不具备ATP保护时的进路闭塞法(此时信号系统只提供联锁功能),其特点见表1-3-2。

表1-3-2　不具备ATP保护时进路闭塞法的特点

不具备ATP保护	特　点
运行模式	驾驶模式为NRM模式,限速60 km/h运行
闭塞区段	一站一区间
行车凭证	列车凭地面信号显示和行车调度员命令运行
进路占用	一个闭塞区段内只允许一列车占用
折返方式	人工驾驶折返模式

2. 电话闭塞法

电话闭塞法是正线车站间通过电话联系,确认闭塞区段空闲、道岔位置正确且锁闭,司机凭路票和发车手信号行车,一个闭塞区段只允许一列车占用的行车闭塞方法。正线集中站联锁设备故障或计轴系统全部/大面积故障时,采用电话闭塞法。

电话闭塞法特点见表1-3-3。

表1-3-3　电话闭塞法特点

电话闭塞法	特　点
运行模式	列车驾驶模式为NRM模式,限速60 km/h运行
闭塞区段	一站一区间
行车凭证	列车凭路票和车站发车信号作为进入闭塞区段的凭证
折返方式	优先采用站后折返,站后折返按调车方式(限速15 km/h)办理,视情况采用站前折返
行车组织区域	故障集中站联锁区域及两端相邻车站

3. 电话联系法

电话联系法是车场与相邻车站通过电话联系,确认闭塞区段空闲、道岔位置正确且锁闭,司机凭电话记录号码行车,一个闭塞区段只允许一列车占用的行车闭塞方法。车场与相邻车站之间信号联锁设备故障时,采用电话联系法。

电话联系法特点见表1-3-4。

表1-3-4　电话联系法

电话联系法	特　点
运行模式	列车驾驶模式为RM模式,限速25 km/h运行
闭塞区段	车站(车场)发车进路和车站(车场)接车进路作为一个闭塞区段(转换轨处由车站负责管理)
行车凭证	列车以电话记录号码作为进入闭塞区段的凭证
行车组织区域	车场与相邻车站

本节小结

本节介绍行车组织的闭塞方法及进路闭塞法、电话闭塞法和电话联系法的闭塞区段、行车凭证等。

巩固练习

1. 为了确保列车行驶安全，必须确保列车之间保持一定的安全防护空间，这种安全防护空间被称为“____________”。

2. 常见的闭塞方法包括：____________、____________和____________等。

3. 具备 ATP 保护时的进路闭塞法，正常驾驶模式为____________、____________、____________模式，信号系统提供____________、列车超速防护和临时限速功能，列车按____________运行。在站台接近区域及站台区域，信号系统提供列车超速及连续防护功能、____________与____________联动功能等。

第三节　市域轨道交通信号机显示

一、信号机布置原则

（1）信号机设置在列车运行方向左侧，与列车运行方向一致，以便市域动车组司机在司机室内可以直观地看到信号机显示状态。

（2）正线的所有道岔处安装信号机，能确保正线道岔处的安全，防止因道岔故障或设置错误而导致列车脱轨或碰撞。

（3）所有车站正反向进出站处设置信号机，可控制列车安全进出站，确保列车运行前方进路安全。

（4）尽头线、折返进路终端设置终端信号机和阻挡装置，防止列车超出轨道终点，保证列车在安全位置停止。

（5）出入车辆段处设置进出场信号机，控制列车安全地进入和离开车辆段，避免列车冲突。

（6）联络线入口处设置信号机，控制列车运行路径，确保列车安全经过，避免列车冲突。

二、正线信号显示

1. 进站信号机

进站信号机为高柱五显示信号机（黄绿黄封红），其中进站兼折返信号机的绿色灯光为空位（封），显示方式见表 1-3-5。

表 1-3-5　进站信号机显示

序号	信号灯显示		行车指示
1	一个绿色灯光		进站信号机在开放状态,运行前方至少有两个进路闭塞分区空闲
2	一个黄色灯		进站信号机在开放状态,准许列车经道岔直股位置进站停车
3	两个黄色灯		进站信号机在开放状态,准许列车经道岔侧股位置进站停车
4	一个黄色灯光和 一个红色灯		引导信号,准许列车以不大于 25 km/h 速度越过该信号机,并随时准备停车
5	一个红色灯		禁止信号,不准列车越过该架信号机

2. 出站信号机

正向出站信号机采用黄、绿、红三灯位信号机和进路表示器,出站兼调车信号机采用黄、绿、红、白四灯位信号机,显示方式见表 1-3-6。

表 1-3-6　出站信号机显示

序号	信号灯显示		行车指示
1	一个绿色灯光		出站信号机在开放状态,准许列车经道岔直股位置出发,运行前方至少有两个进路闭塞分区空闲
2	一个绿色灯光和 进路表示器		出站信号机在开放状态,准许列车经道岔侧股位置出发,运行前方至少有两个进路闭塞分区空闲
3	一个黄色灯光		出站信号机在开放状态,准许列车经道岔直股位置出发、折返或回场,运行前方有一个进路闭塞分区空闲

续表

序号	信号灯显示		行车指示
4	一个黄色灯光和进路表示器		出站信号机在开放状态,准许列车经道岔侧股位置出发、折返或回场,运行前方有一个进路闭塞分区空闲
5	一个黄色灯光和一个红色灯光		引导信号,准许列车以不大于 25 km/h 速度越过该架信号机,并随时准备停车
6	一个红色灯光		禁止信号,不准列车越过该架信号机
7	一个白色灯光		调车信号,准许列车越过该信号机进行调车作业

3. 区间通过信号机

区间通过信号机采用黄、绿、红三灯位信号机,显示方式见表 1-3-7。

表 1-3-7　区间通过信号机显示

序号	信号灯显示		行车指示
1	一个绿色灯光		通过信号机在开放状态,准许列车通过,运行前方至少有两个进路闭塞分区空闲
2	一个黄色灯光		通过信号机在开放状态,准许列车通过,运行前方至少有一个进路闭塞分区空闲
3	一个黄色灯光和一个红色灯光		引导信号,准许列车以不大于 25 km/h 速度越过该架信号机,并随时准备停车
4	一个红色灯光		禁止信号,不准列车越过该架信号机

三、车辆段信号显示

1. 入段信号机

入段信号机为高柱五显示信号机(黄封黄封红),显示方式见表 1-3-8。

表 1-3-8 入段信号机显示

序号	信号灯显示		行车指示
1	两个黄色灯光		为列车允许信号，准许列车进入车辆段/停车场库线停车
2	一个黄色灯光和一个红色灯光		为引导信号，准许列车以不大于 25 km/h 速度越过该架信号机继续运行，并随时准备停车
3	一个红色灯光		禁止信号，不准越过该架信号机

2. 出段信号机

车辆段内出段信号机采用矮柱单机构三显示信号机（黄白红），显示方式见表 1-3-9。

表 1-3-9 出段信号机显示

序号	信号灯显示		行车指示
1	一个黄色灯光		为列车允许信号，准许列车在车辆段停车线出发
2	一个白色灯光		调车信号机在开放状态，准许列车在车场停车线越过该信号机调车
3	一个红色灯光		禁止信号，不准列车越过该架信号机

3. 调车信号机

调车信号机采用矮柱单机构二显示信号机（蓝白），显示方式见表 1-3-10。

表 1-3-10 调车信号机显示

序号	信号灯显示		行车指示
1	一个白色灯光		调车信号机在开放状态，准许列车越过该信号机调车
2	一个蓝色灯光		调车作业时，禁止越过该架信号机调车，但对列车不起阻拦作用

本节小结

本节简单讲述了信号机的样式、显示及其含义。正线信号机包括进站信号机、出站信号机、区间通过信号机,车辆段信号机包括入段信号机、出段信号机、调车信号机。

巩固练习

1. 出站信号机一个绿色灯光表示:________________。
2. 进站信号机双黄灯表示:________________。
3. 一个红色灯光可表示的含义有:________。
4. 调车信号机显示的颜色为:________、________。
5. 引导信号的灯光显示为:________________,可准许列车________。

第四章
司机标准化作业

学习目标

(1)掌握市域动车组司机岗位礼仪和行为标准,树立个人形象和公司形象。

(2)掌握司机作业基本内容,包括出退勤作业、列车整备作业、列车出入段作业、站台作业和折返作业等作业流程。

第一节　司机岗位职责和礼仪标准、行为规范

一、岗位职责

(1)严格遵守公司要求的各项规章制度,执行“两纪一化”,即劳动纪律、作业纪律、作业标准化。

(2)按列车运行图和调度命令驾驶列车,安全、正点、舒适、快捷地运送乘客,做好乘客服务。

(3)监控列车的运行状态和相关行车设备,瞭望进路安全。遇危及行车安全或设备安全等突发事件时,作为第一责任人进行现场处置,及时消除隐患,避免影响进一步扩大。

(4)出现交路混乱或行车组织变化等情况,坚守岗位,服从安排,保证有车必有人。

二、仪容仪表

(1)工作期间应根据季节变化和部门要求穿着夏季、春秋季、冬季制服,佩戴肩章、工号牌、领带。

(2)制服应经常换洗保持整洁,不立领,不披衣,不卷裤挽袖,衬衫必须束入腰带内。

(3)当班期间,男员工发不过耳、前不过眼、后不触衣领,发型自然,不留长发及胡须,禁止剃光头,如图1-4-1所示。

三、行为举止

(1)遵守公司行为守则,在岗时须精神饱满、举止大方、礼貌服务。立岗或候车时,保持立正姿势,两手自然下垂,双眼平视前方,不得背手、手插口袋,如图1-4-2所示。

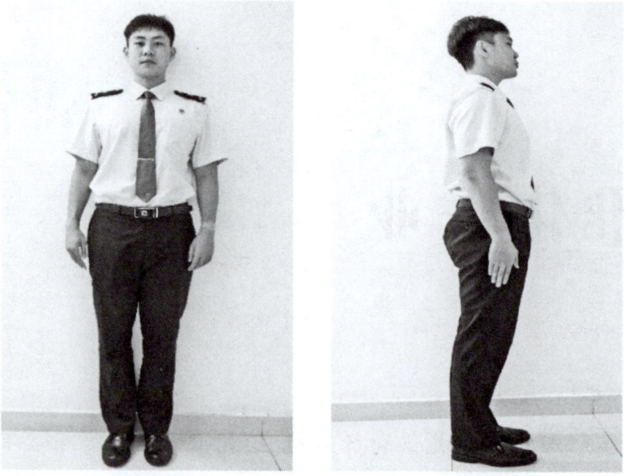

（a）正面　　　　（a）侧面

图 1-4-1　仪容仪表

（2）在穿着制服乘车、候车过程中，原则上不得就座。在公共区域不得有吸烟、大声说笑、追打闹等影响形象的行为。

（3）未经公司允许，不得擅自穿着制服参与广告拍摄、文艺拍摄、演出活动及网络直播，不得进入营业性娱乐场所。

图 1-4-2　立岗/候车站姿

四、工作服务

（1）工作期间统一使用普通话，严禁使用方言、口头禅、网络词语等非规范用语。

（2）行车工作联系中，采用行车标准用语，涉及数字时规范如下：0 ~9 的发音分别为 dòng、yāo、liǎng、sān、sì、wǔ、liù、guǎi、bā、jiǔ。

（3）与乘客沟通时，使用十字文明服务用语“您好、请、谢谢、对不起、再见”等。使用电话、手持台等通信设备时，应及时表明身份。

（4）非正常行车情况下需要人工广播时，保持语调沉稳、语速适中、音量适宜，避免乘客恐慌。须进入客室处理故障时，举止得当、礼貌沟通，避免冲撞乘客。

本节小结

本节内容介绍市域动车组司机在岗位职责、仪容仪表、行为举止和工作服务等方面的作业标准。这些知识是市域动车组司机不可或缺的专业素养，同时也是进一步学习和掌握相关技能的基础和必要前提。因此，应熟练掌握本节内容，以便更好地履行市域动车组司机的职责，提供优质的服务。

巩固练习

1. 在公共区域不得有________、________、追逐打闹等影响形象的行为。

2. 制服应经常换洗保持整洁，________，________，不卷裤挽袖，衬衫必须束入腰带内。

3. 非正常行车情况下，需要人工广播时保持语调________、语速________、音量________，避免乘客恐慌。

4. 严格遵守公司要求的各项规章制度，执行“两纪一化”，即________、________、作业标准化。

第二节　出退勤作业

一、正线出退勤

1. 正线出勤

(1) 司机出乘应精神状态良好，按规定着装，提前 10 min 到达派班室进行指纹录入、酒精测试和三交三问答题测试，如图 1-4-3、图 1-4-4 所示。

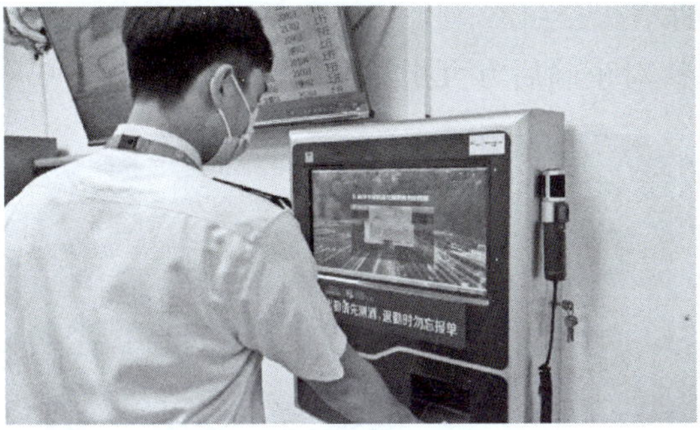

图 1-4-3　指纹对比

图 1-4-4　酒精测试

(2) 做好相关行车预想，在司机日志中填写调度命令、行车注意事项，如图 1-4-5 所示。

(3) 携带司机包、行车备品（荧光衣、手电筒）及规章文本，准时到派班员处办理出勤，如图 1-4-6 所示。

图 1-4-5　填写司机日志

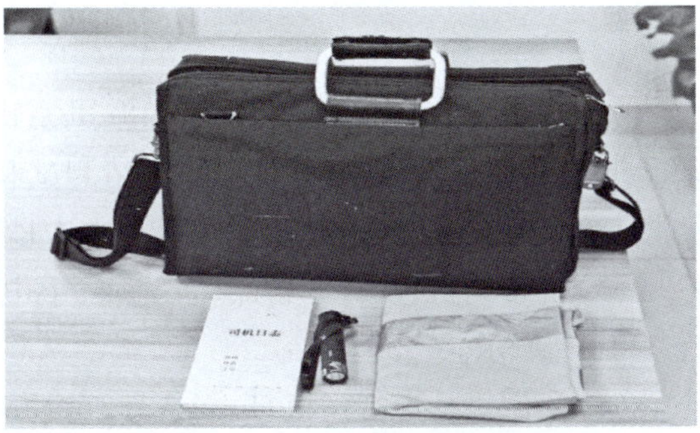

图 1-4-6　正线出勤用品

(4)向派班员递交司机日志,认真听取派班员的行车指示,领取司机报单,填写司机出退勤登记簿。派班员确认司机符合出勤条件,在司机报单、司机日志签章后,司机方可出勤,如图1-4-7、图1-4-8所示。

图1-4-7　填写司机出退勤登记簿

图1-4-8　正线出勤签章

(5)整理好仪容仪表,提前2 min到达站台头端立岗接车。

2. 正线退勤

(1)完成当日值乘任务,交接完毕后,前往派班室退勤。

(2)递交填写完整的司机报单,有行车事件还须填写行车报单,在司机出退勤登记簿进行退勤登记,递交派班员签章确认,如图1-4-9所示。

(3)与派班员确认下一班次出勤时间地点,核对正确后方可指纹退勤,如图1-4-10所示。

图1-4-9　正线退勤签章

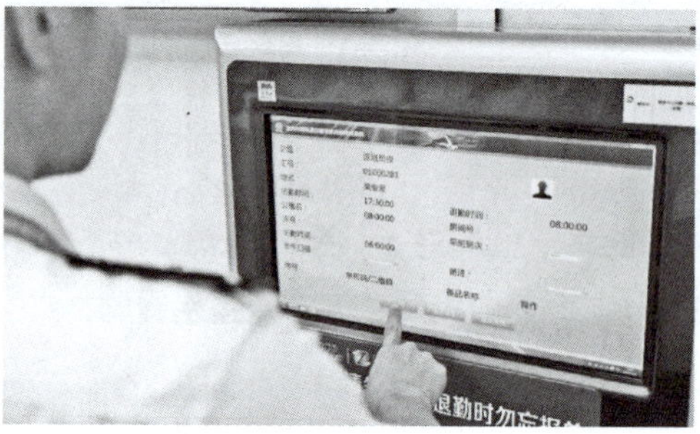

图1-4-10　退勤打卡

二、车场出退勤

1. 车场出勤

(1)司机在公寓候班完毕,前往派班室出勤。出乘应精神状态良好,按规定着装,提前10 min到达派班室进行指纹录入、酒精测试和三交三问答题测试。

(2)做好相关行车预想,在司机日志中抄写调度命令、行车注意事项。

(3)携带司机包、行车备品(荧光衣、手电筒)及规章文本,准时到派班员处办理出勤,如图1-4-11所示。

(4)向派班员递交司机日志,认真听取派班员的行车指示,领取司机报单、运营时刻表文件夹、2个手持台含1块备用电池、1把方孔钥匙,填写司机出退勤登记簿。派班员确认司机符合出勤条件并已将方孔钥匙佩戴在腰间，在司机报单、司机日志签章后，司机方可出勤，如图 1-4-12 所示。

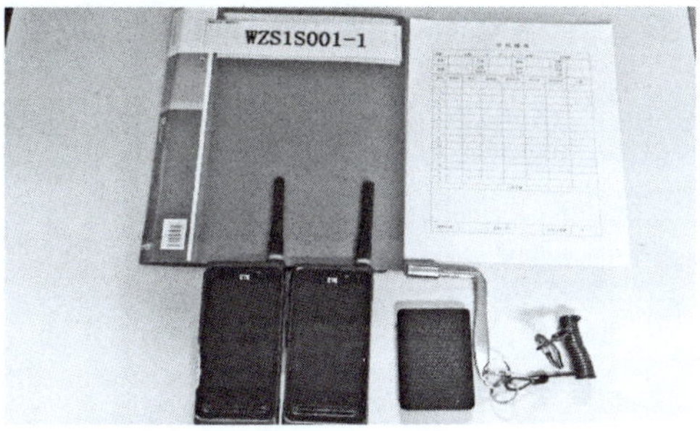

图 1-4-11　车场出勤用品

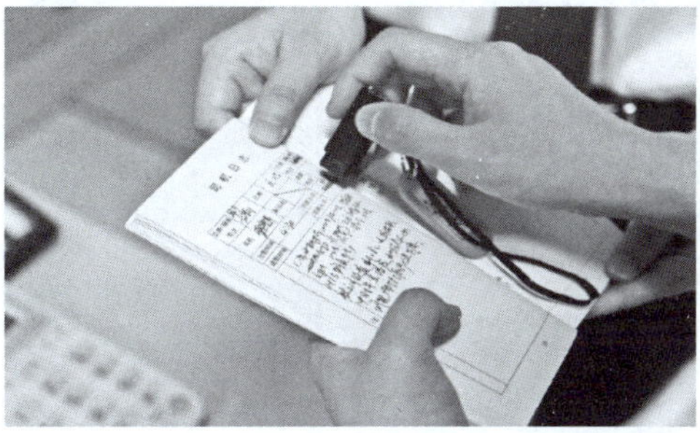

图 1-4-12　车场出勤签章

（5）在 DCC 车场调度处领取 2 张市域动车组状态记录卡、1 把主控钥匙、1 把方孔钥匙，并填写备品借用登记簿，如图 1-4-13、图 1-4-14 所示。

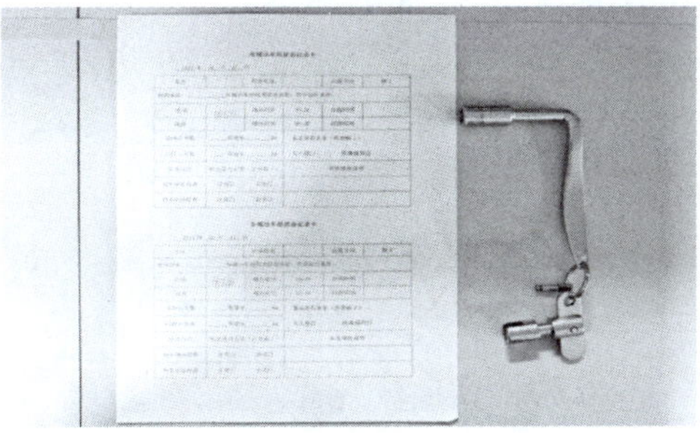

图 1-4-13　市域动车组状态记录卡及钥匙

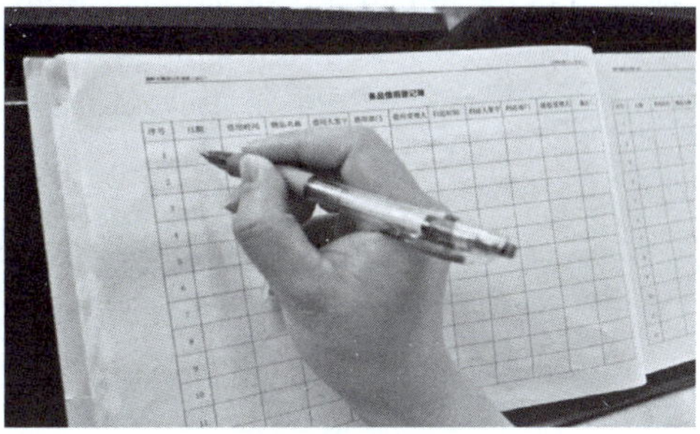

图 1-4-14　填写备品借用登记簿

（6）整理好仪容仪表，前往列车停放股道进行整备作业。

2. 车场退勤

（1）司机驾驶列车回场，完成当日值乘任务，前往派班室退勤。

（2）前往 DCC 车场调度处交还主控钥匙、方孔钥匙及市域动车组状态记录卡。

（3）前往派班室办理退勤，向派班员汇报当班运营情况，递交司机报单（见图 1-4-15）和行车备品（运营时刻表文件夹、2 个手持台，1 把方孔钥匙），有行车事件还须填写行车报单，在司机出退勤登记簿进行退勤登记，递交派班员签章确认。

（4）与派班员确认下一班次出勤时间地点，核对正确后方可指纹退勤。

三、行车备品状态确认和台账填写规范

在派班室向派班员报告时，应使用以下官方、严谨、理性的语言：“白/夜/早 × 交路司机即将出勤/退勤，请求领取/归还备品。”在领取和归还备品时，必须确认备品齐全且功能正常。此外，必须在出/退勤登记簿上（见图 1-4-16）进行登记，并与派班员进行面对面的交接流程。

1. 行车备品状态确认

（1）检查运营时刻表文件夹

检查内容：当日时刻表版本号、限速调度命令、规章文本。

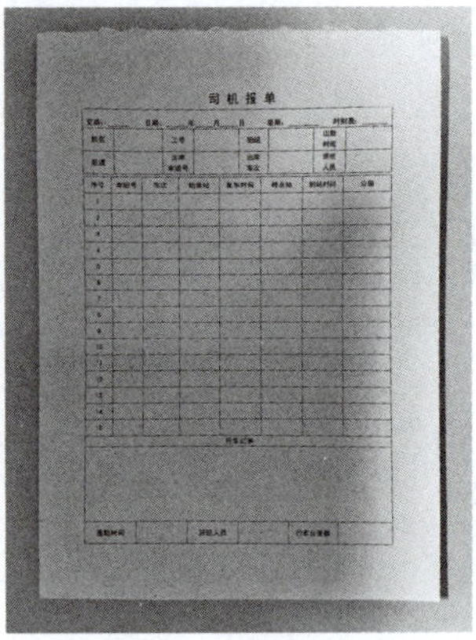

图 1-4-15 司机报单

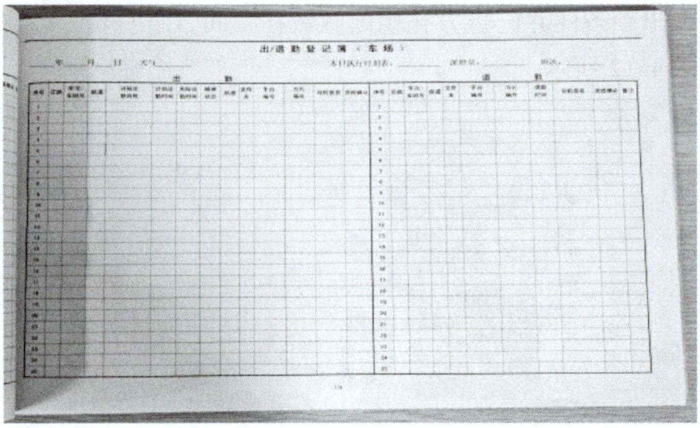

图 1-4-16 出/退勤登记簿(车场)

(2)检查手持台工作状态(见图 1-4-17)

检查内容:手持台电量、组别设置(见图 1-4-18)、音量设置、通话测试。

图 1-4-17 手持台

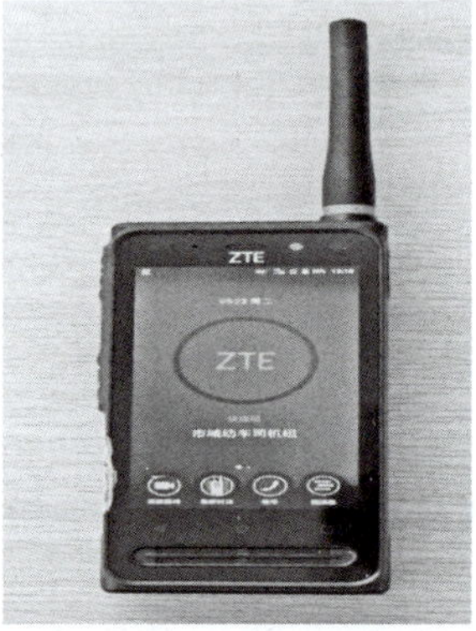

1-4-18 手持台组别设置

(3)检查方孔钥匙(见图 1-4-19)

检查内容:领取后佩戴在腰间,与派班员确认,如图 1-4-20 所示。

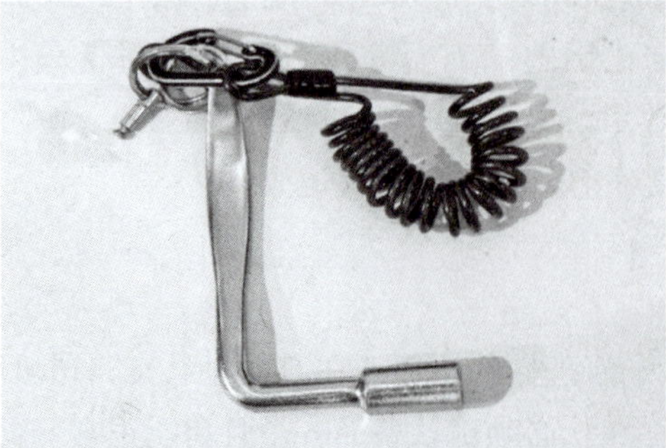

图 1-4-19 方孔钥匙

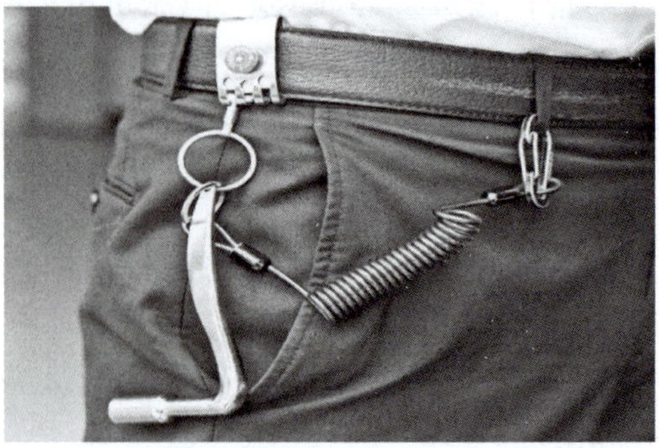

图 1-4-20 佩戴方孔钥匙

2. 台账填写规范

(1)出/退勤登记填写模板,如图 1-4-21、图 1-4-22 所示。

出 / 退勤登记簿（正线）（填写模板）

2021 年 05 月 16 日　天气 晴　　本日执行时刻表：×××　指导司机：×××　班次：白

出勤										退勤					
序号	交路	车次	计划出勤司机	计划出勤时间	实际出勤时间	精神状态	测酒	司机签名	指导司机签章	序号	交路	退勤时间	退勤司机	指导司机签章	备注
1	白1	20101	王×× 李××	8:00	7:40	良好	正常	王×× 李××	×××	1	白1	17:00	王×× 李××	×××	
2										2					
3										3					
4										4					
5										5					
6										6					
7										7					
8										8					
9										9					
10										10					
11										11					
12										12					
13										13					
14										14					
15										15					
16										16					

图 1-4-21　出 / 退勤登记簿（正线）（填写模板）

出 / 退勤登记簿（车场）（填写模板）

2021 年 05 月 16 日　天气 晴　　本日执行时刻表：×××　指导司机：×××　班次：早

出勤														退勤									
交路	车次/车组号	股道	计划出勤司机	计划出勤时间	实际出勤时间	精神状态	测酒	文件夹	手台编号	方孔编号	司机签名	指导司机确认	序号	交路	车次/车组号	股道	文件夹	手台编号	方孔编号	退勤时间	司机签名	指导司机确认	备注
早1	0101/20101	1	王×× 李××	4:00	3:40	良好	正常	2	××××××	××	王××李××	×××	1	夜1	0101/20101	1	2	××××××	××	21:00	王××李××	×××	
													2										
													3										
													4										
													5										
													6										
													7										
													8										
													9										
													10										
													11										
													12										
													13										
													14										
													15										
													16										

图 1-4-22　出 / 退勤登记簿（车场）（填写模板）

(2)司机日志填写模板,见表1-4-1。

表1-4-1　司机日志(填写模板)

<table>
<tr><td>交路/接车车次</td><td>白1/20212</td><td>日期</td><td>5.16</td><td>出勤地点</td><td>××站</td></tr>
<tr><td>司机</td><td>张××</td><td>副司机</td><td>/</td><td>退勤地点</td><td>××站</td></tr>
<tr><td>出勤时间</td><td colspan="2">8:16</td><td>派班人员</td><td colspan="2">王××</td></tr>
<tr><td>退勤时间</td><td colspan="2">17:30</td><td>派班人员</td><td colspan="2">王××</td></tr>
<tr><td>注意事项</td><td colspan="5">(1)抄写调度命令
(2)单日行车注意事项</td></tr>
</table>

(3)司机报单填写模板,见表 1-4-2。

表 1-4-2 司机报单(填写模板)

<table>
<tr><td colspan="8">交路:早1 日期:2020 年 9 月 27 日 星期:日 时刻表:× × × × ×</td></tr>
<tr><td>姓名</td><td>张××</td><td>工号</td><td>01000101</td><td>班组</td><td>一组</td><td>出勤时间</td><td>3:45</td></tr>
<tr><td>股道</td><td>L-×道</td><td>出库车组号</td><td>0101</td><td>出库车次</td><td>20101</td><td>指导司机</td><td>王××</td></tr>
<tr><td>序号</td><td>车组号</td><td>车次</td><td>始发站</td><td>发车时间</td><td>终点站</td><td>到站时间</td><td>公里</td></tr>
<tr><td>1</td><td>0101</td><td>20101</td><td>××站</td><td>5:00</td><td>××站</td><td>6:00</td><td>×× km</td></tr>
<tr><td>2</td><td></td><td></td><td></td><td></td><td></td><td></td><td></td></tr>
<tr><td>3</td><td></td><td></td><td></td><td></td><td></td><td></td><td></td></tr>
<tr><td>4</td><td></td><td></td><td></td><td></td><td></td><td></td><td></td></tr>
<tr><td>5</td><td></td><td></td><td></td><td></td><td></td><td></td><td></td></tr>
<tr><td>6</td><td></td><td></td><td></td><td></td><td></td><td></td><td></td></tr>
<tr><td>7</td><td></td><td></td><td></td><td></td><td></td><td></td><td></td></tr>
<tr><td>8</td><td></td><td></td><td></td><td></td><td></td><td></td><td></td></tr>
<tr><td>9</td><td></td><td></td><td></td><td></td><td></td><td></td><td></td></tr>
<tr><td>10</td><td></td><td></td><td></td><td></td><td></td><td></td><td></td></tr>
<tr><td>11</td><td></td><td></td><td></td><td></td><td></td><td></td><td></td></tr>
<tr><td>12</td><td></td><td></td><td></td><td></td><td></td><td></td><td></td></tr>
<tr><td>13</td><td></td><td></td><td></td><td></td><td></td><td></td><td></td></tr>
<tr><td>14</td><td></td><td></td><td></td><td></td><td></td><td></td><td></td></tr>
<tr><td colspan="8">行车记事</td></tr>
<tr><td colspan="8">①填写“有/无行车报单”
②若无行车报单填写安全无事
③若有行车报单,简要说明行车报单情况(包含开行车次,时间,地点,事件简要情况等信息)</td></tr>
<tr><td>退勤时间</td><td>20:00</td><td>指导司机</td><td>王××</td><td>行车公里数</td><td colspan="3">×× km</td></tr>
</table>

(4)行车报单填写模板,见表1-4-3。

表1-4-3　行车报单(填写模板)

发生时间	08:08	车次	×××	车组号	×××
地点	××处	当值司机	×××		
事件概况	例:××次运行至××至××区间百米标××处发生不明原因紧制				
事件经过	09.27-08:08-S0101市域动车组一组司机×××,担任××次跑图任务,事件发生端为××端,驾驶模式为IATO模式 08:08列车在××至××区间百米标××处产生不明原因紧制,司机RM模式缓解,查看自检信息无异常后汇报行车调度员,按行车调度员命令RM模式动车,运行至××上行/下行停稳后升级ATO模式出站				
当值指导司机	王××	汇报人	×××	日期	2022.09.27

本节小结

本节介绍市域动车组司机在正线和车场出退勤的作业流程以及行车备品状态的确认和台账填写规范。这些内容是市域动车组司机必须具备并熟练掌握的知识和技能,是未来的工作中最基本的工作内容。

巩固练习

1. 司机出乘应精神状态良好，按规定着装，提前__________到达派班室进行指纹录入、酒精测试和__________答题测试。

2. 出勤时做好相关行车预想，抄写__________、__________。

3. 行车备品包括：__________、__________、__________、__________。

第三节 整备作业

一、整备作业安全注意事项

1. 整备作业首先做好四确认。

(1)确认列车停放股道和车组号。

(2)确认列车两端无禁动标志。

(3)确认列车两侧和前方进路无人或异物侵入限界。

(4)确认列车轮下无止轮器(止轮器设置在出库端第一转向架右侧第二轮对的对向)。

2. 整备作业安全准则

(1)做好个人防护，库内行走时，严禁飞乘飞降、跨越地沟、越过安全线。

(2)升弓前必须确认地沟无人作业，车下所有人员均在安全区域。受电弓升起后，严禁触摸车下高压设备。

(3)牵引试验时，动车前打开两边司机室侧门确认无人或异物侵入限界。尝试主控手柄小牵引动车，在列车启动时立即拉停。

(4)列车整备作业按照“先静态，后动态”的原则，未经整备的列车严禁动车。

二、整备作业流程

视频

列车整备作业

1. 检查顺序(见图 1-4-23)

(1)出场端列车头部检查。

(2)出场端司机室静态检查(静检)。

(3)客室静态检查。

(4)非出场端司机室静态检查。

(5)非出场端司机室动态检查(动检)。

(6)返回出场端司机室动态检查。

2. 整备作业程序及标准

整备作业时间为 20 min，司机对列车关键部件进行静态检查和动态检查，确保列车运行安全，保证服务质量。本节内容省略了非出场端司机室静态检查和动态检查，相关内容可参考出场端司机室静态检查和动态检查。

(1)列车头部及走行部检查

①司机抵达指定股道，确认列车的停放股道和车组号无误，如图 1-4-24 所示。

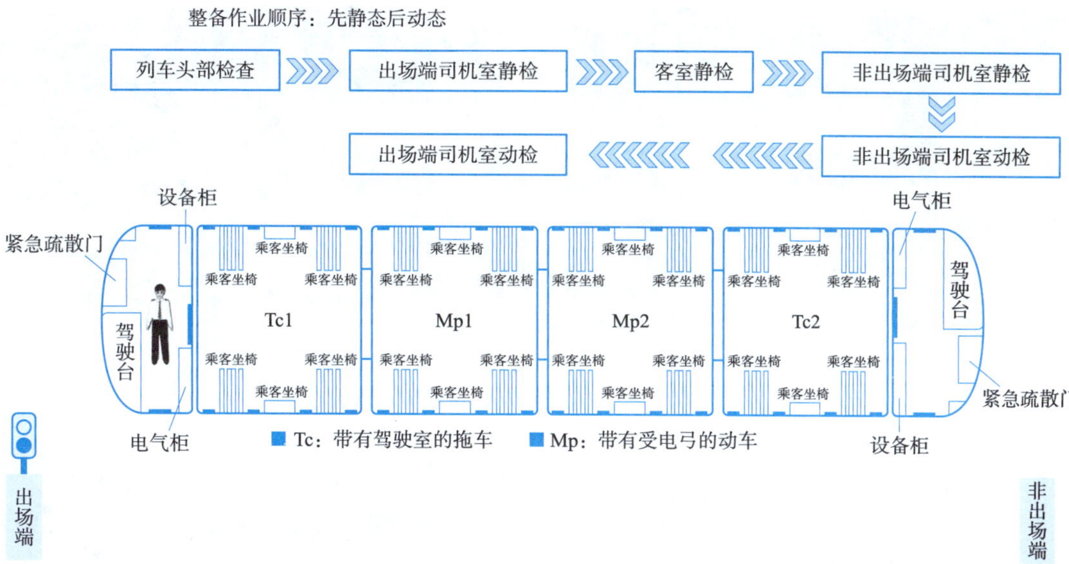

图 1-4-23　整备作业检查顺序

（a）手指确认停放股道

（b）停放股道

（c）手指确认车组号

（d）车组号

图 1-4-24　确认列车的停放股道和车组号

②面向列车确认车体无破损、倾斜，两侧无人或异物侵入限界，如图 1-4-25 所示。

③确认列车头部无禁动标志牌或红闪灯，如图 1-4-26 所示。

（a）车体情况

（b）车身周围情况

图 1-4-25　确认车体及车身周围环境情况

（a）手指确认信号标志

（b）禁动标志牌及红闪灯

图 1-4-26　确认列车头部信号标志

④与 DCC 值班员联控，开始整备作业，如图 1-4-27 所示。

图 1-4-27　联控进行整备作业

⑤库内整备作业时，须环绕车下一周，确认列车两端头部无禁动标志，车下无止轮器、地沟无人、轮下无异物，如图 1-4-28 所示。

注：检查库外停车线列车时，无须环绕列车检查车底。

（2）司机室静态检查

①确认蓄电池电压正常，将蓄电池投入旋钮打至投入，激活列车，如图 1-4-29 所示。

（a）检查地沟、轮下

（b）检查止轮器

图 1-4-28　库内整备作业

（a）手指确认蓄电池电压表

（b）电压表示数正常

（c）手指确认蓄电池投入旋钮

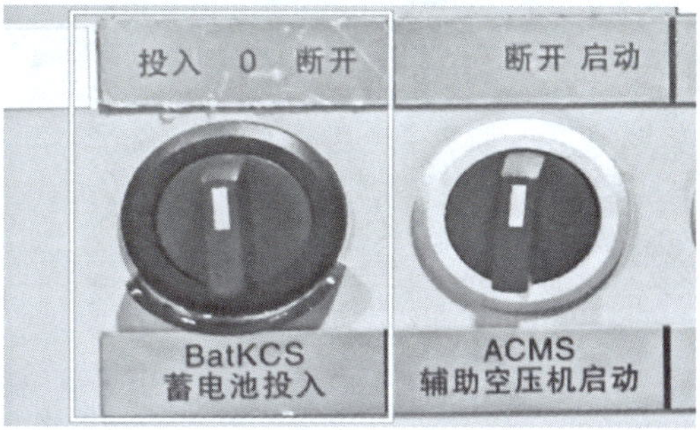

（d）将蓄电池投入旋钮打至投入

图 1-4-29　确认蓄电池状态

②打开司机室照明，进行静态检查。确认电气柜内断路器和旁路开关所在位置正确，旁路开关在正常位，各断路器闭合向上，如图 1-4-30 所示。

（a）打开司机室照明

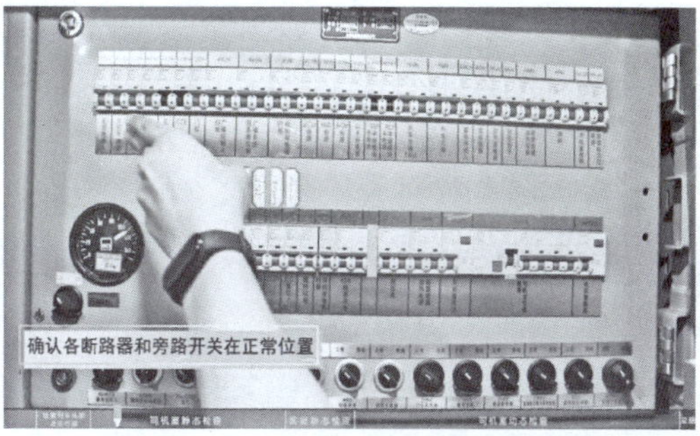

（b）手指确认断路器和旁路开关位置

图 1-4-30　确认电气元件状态

③设备柜的柜门、盖板锁闭正常，闭路电视（closed circuit television，CCTV）屏幕外观良好，如图 1-4-31 所示。

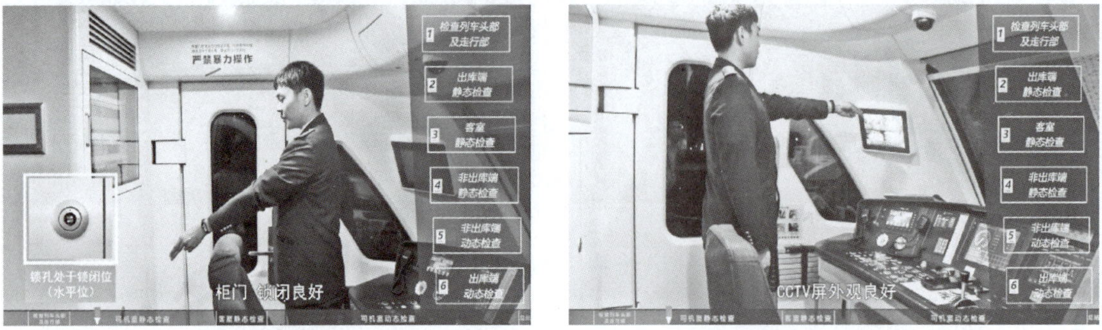

（a）手指确认柜门、盖板锁闭情况　　（b）手指确认CCTV屏幕外观状态

图 1-4-31　确认设备柜门、盖板、CCTV 屏幕状态

④控制按钮、指示灯和显示屏无破损，紧急制动按钮未按下，正常弹起，如图 1-4-32 所示。

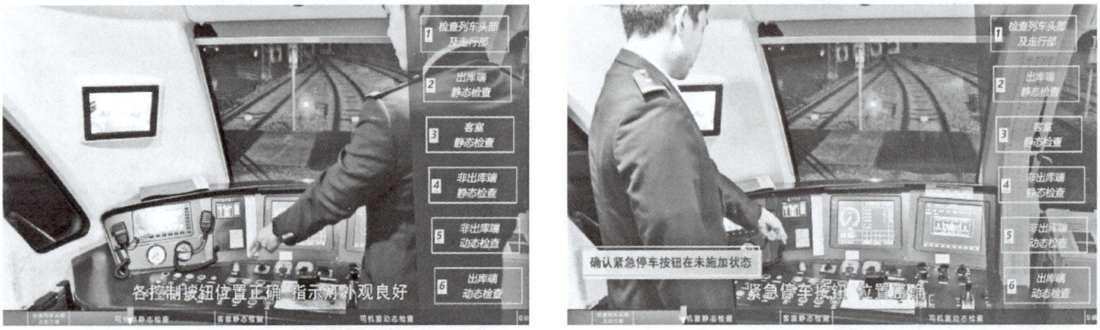

（a）手指确认控制按钮、指示灯和显示屏状态　　（b）手指确认紧急制动按钮状态

图 1-4-32　确认控制按钮、指示灯、显示屏、紧急制动按钮状态

⑤各控制旋钮位置正确、外罩完整，如图 1-4-33 所示。

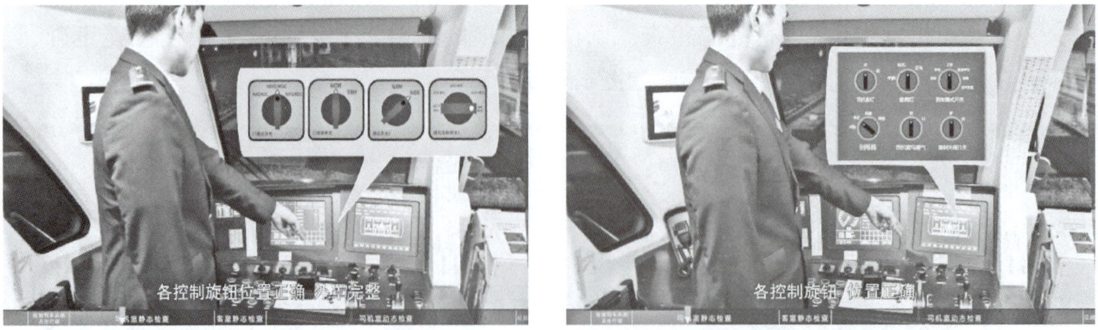

（a）手指确认控制旋钮位置及外罩状态　　（b）手指确认控制旋钮位置

图 1-4-33　确认各控制旋钮位置及外罩状态

⑥紧急疏散门、其他设备设施外观良好，如图 1-4-34 所示。

（a）手指确认紧急疏散门状态

（b）手指确认其他设备设施状态

图 1-4-34　确认紧急疏散门、其他设备设施状态

⑦查看车辆屏故障信息，待信号屏自检完成，如图 1-4-35 所示。

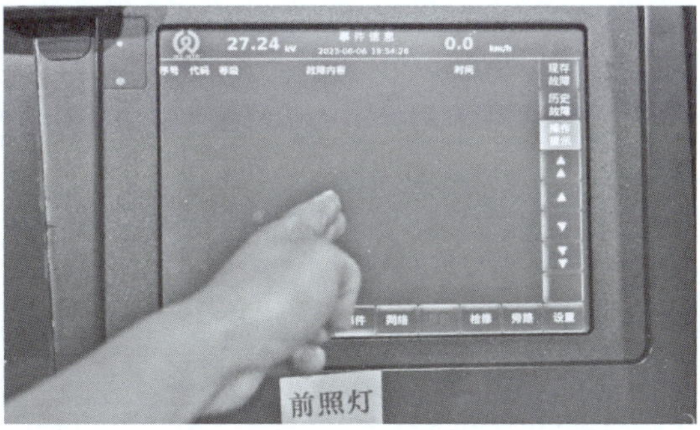

（a）手指确认车辆屏故障信息

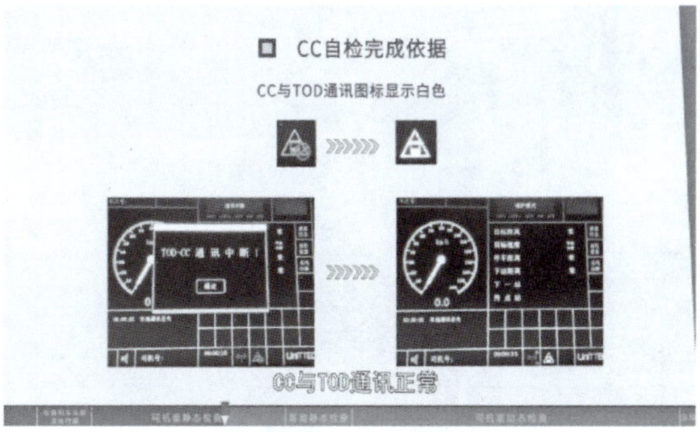

（b）信号屏自检完成

图 1-4-35　确认车辆屏故障信息，待信号屏自检完成

⑧激活司机室操纵端，如图 1-4-36 所示。

（a）手指确认司机室操纵端激活

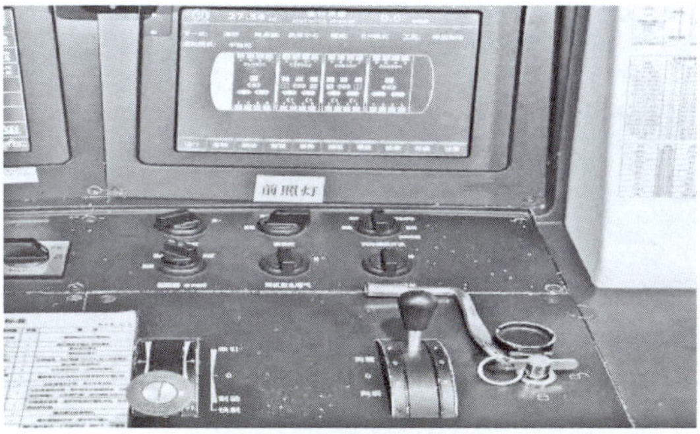

（b）车辆屏运行界面

图 1-4-36　激活司机室操纵端

⑨列车上电步骤如下：

a. 确认列车具备升弓条件，如图 1-4-37 所示。

b. 选择正确的弓位，双日 2 车弓，单日 3 车弓，如图 1-4-38 所示。

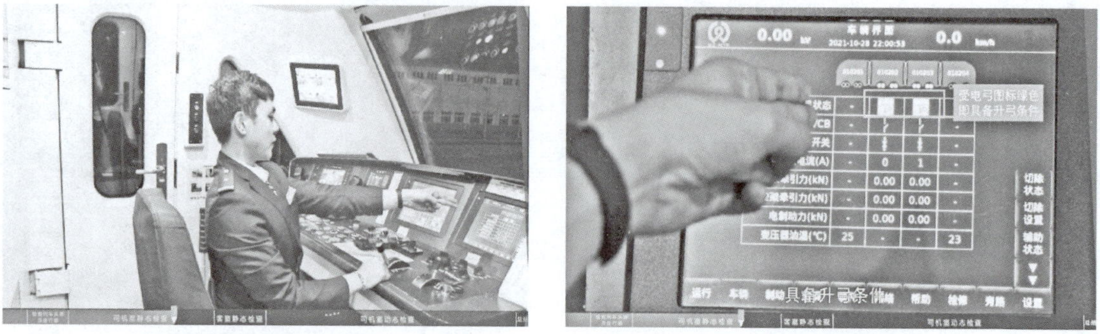

（a）手指确认车辆屏车辆界面　　（b）车辆屏车辆界面

图 1-4-37　确认列车具备升弓条件

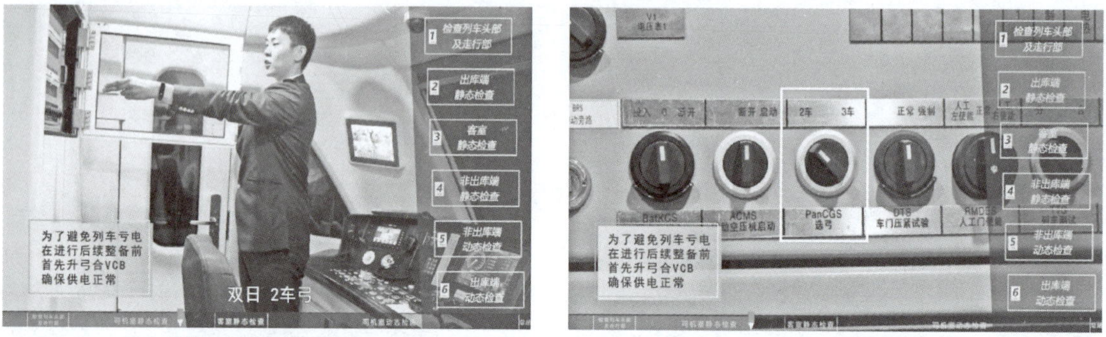

（a）手指确认选弓旋钮位置　　（b）选弓旋钮

图 1-4-38　选择正确的弓位

c. 升弓前确认两侧无人、无异物侵入限界，鸣笛，升弓，如图 1-4-39 所示。

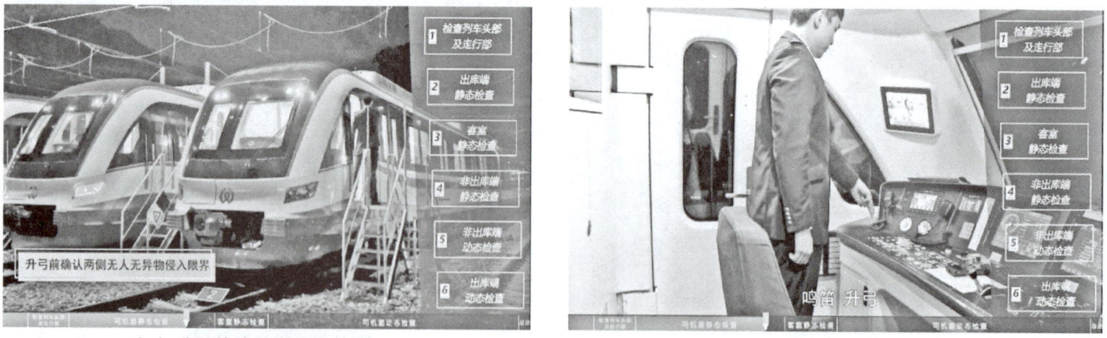

（a）升弓前确认限界内情况　　（b）鸣笛升弓

图 1-4-39　升弓

d. 确认升弓到位，接触网电压（网压）正常，如图 1-4-40 所示。

e. 操作合主断路器（vaccume circuit breaker，VCB）按钮，确认 HMI 车辆界面 VCB 闭合，如图 1-4-41 所示。

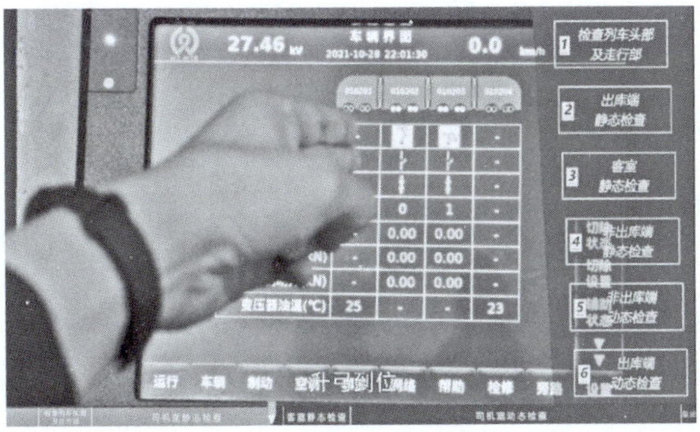

（a）手指确认升弓到位

（b）手指确认网压正常

图 1-4-40　确认升弓情况

（a）合VCB按钮

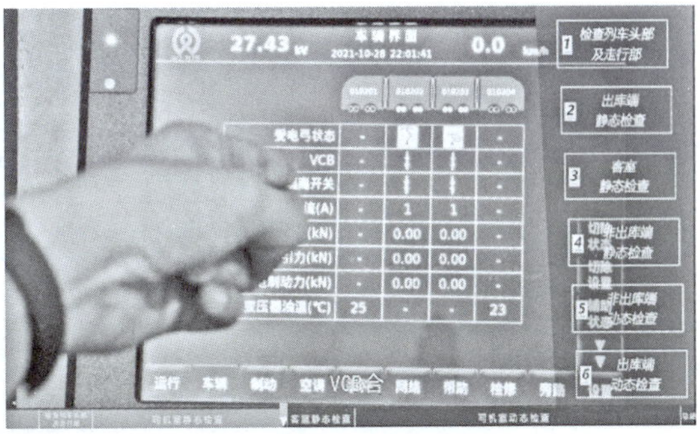

（b）手指确认VCB闭合

图 1-4-41　闭合 VCB

⑩打开客室照明，前往客室进行客室静态检查，如图 1-4-42 所示。

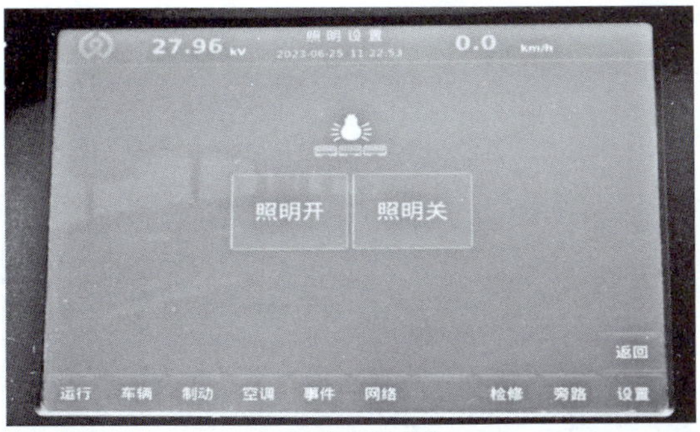

（a）打开客室照明

（b）前往客室

图 1-4-42　准备进行客室静态检查

（3）客室静态检查

①确认客室发光二极管（light emitting diode，LED）显示屏外观良好、设备柜门锁闭良好，如图 1-4-43 所示。

②确认车门系统，包括车门及盖板锁闭良好，动态地图显示正常，车门指示灯外观良好，紧急解锁手柄位置正确，乘客紧急报警装置外观良好，车门隔离开关位置正确，如图 1-4-44 所示。

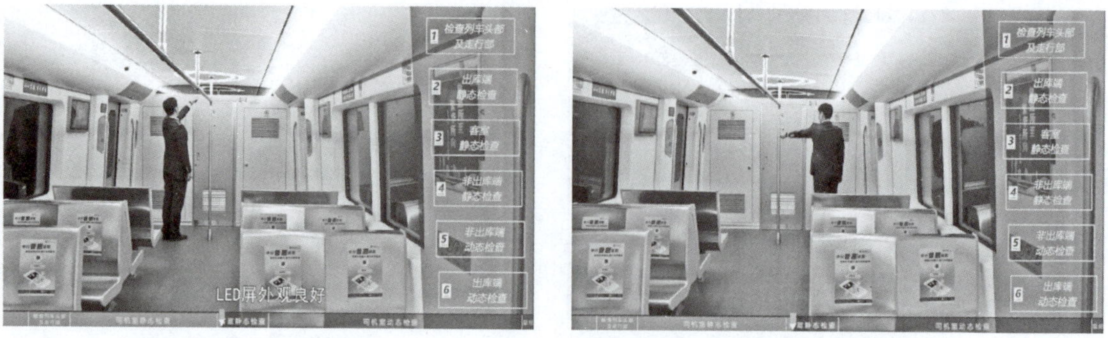

（a）手指确认LED显示屏外观　　（b）手指确认设备柜门锁闭

图 1-4-43　客室静态检查 1

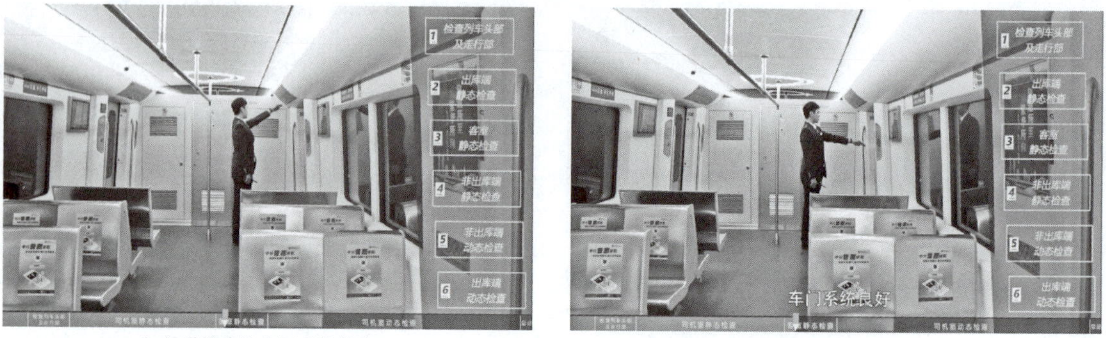

（a）手指确认车门系统状态　　（b）口呼车门系统良好

图 1-4-44　客室静态检查 2

③液晶显示器（liquid crystal display，LCD）、气制动柜（brake cut-off value，BCV）B22&B23 盖板锁闭良好，如图 1-4-45 所示。

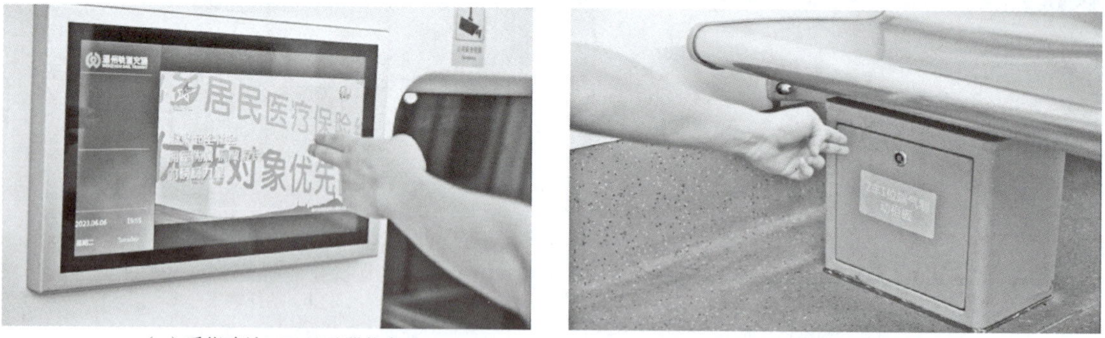

（a）手指确认LCD显示器状态　　（b）手指确认B22&B23盖板状态

图 1-4-45　客室静态检查 3

④客室照明正常，空调、摄像头、座椅、车窗等部件外观无破损，地板清洁，如图 1-4-46 所示。

⑤贯通道连接板无破损、设备柜门锁闭良好，如图 1-4-47 所示。

（4）司机室动态检查

①激活操纵端司机台，首先进行灯测试，确认台面及车门侧墙按钮灯和指示灯亮，如

图 1-4-48 所示。

（a）手指确认客室各部件状态1

（b）手指确认客室各部件状态2

图 1-4-46　客室静态检查 4

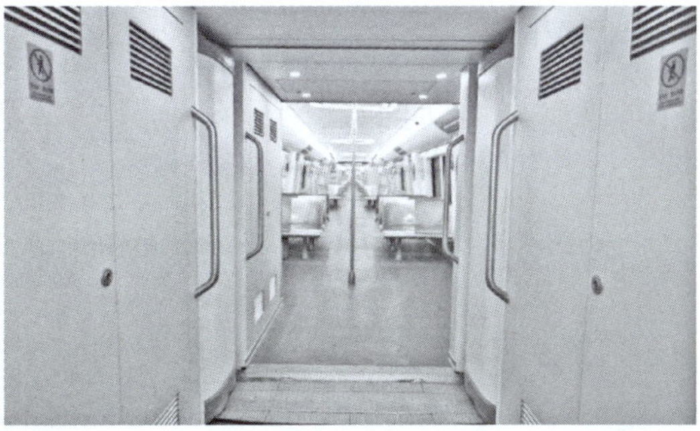

（a）手指确认贯通道连接板状态

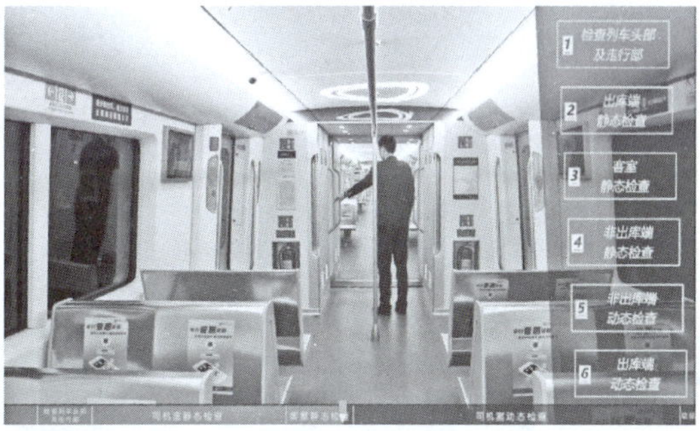

（b）手指确认设备柜门锁闭情况

图 1-4-47　客室静态检查 5

（a）激活操纵端司机台

（b）灯测试

（c）确认车门侧墙指示灯亮

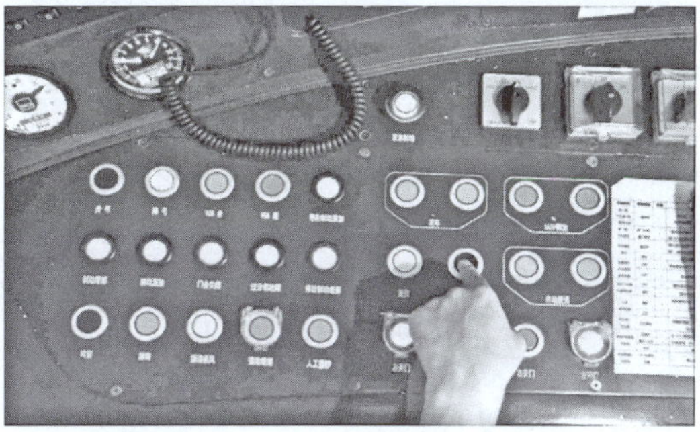

（d）确认台面按钮灯亮

图 1-4-48　激活操纵端司机台进行灯测试

②进行停放制动测试，操作停放制动施加/缓解按钮，将停放制动施加缓解一次，在 HMI 屏确认停放制动图标状态正常，如图 1-4-49 所示。

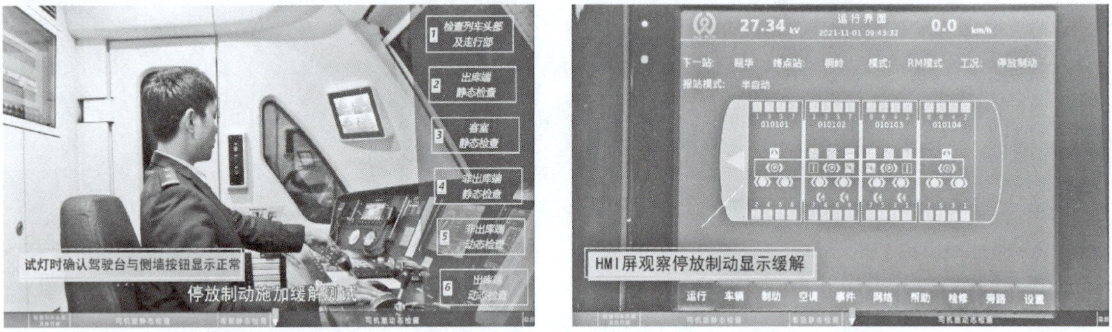

（a）停放制动施加缓解测试　　（b）确认停放制动图标状态正常

图 1-4-49　进行停放制动测试

③强迫泵风测试，按下强迫泵风按钮，查看 HMI 屏两个空压机同时启动工作，如图 1-4-50 所示。

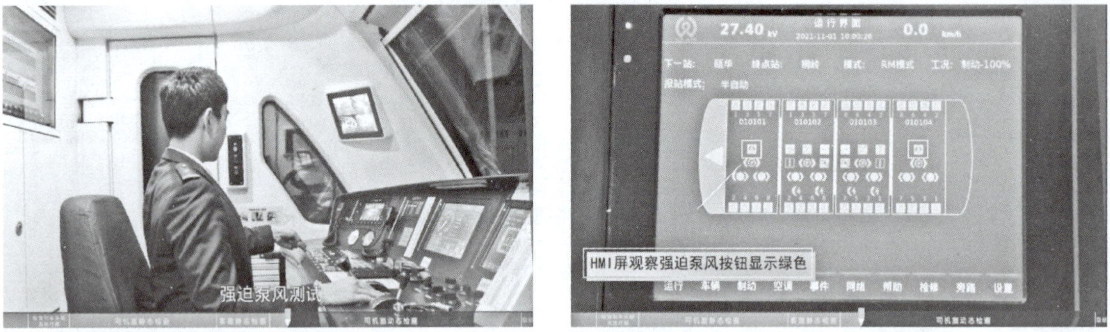

（a）开始强迫泵风测试　　（b）确认强迫泵风按钮状态正常

图 1-4-50　强迫泵风测试

④CCTV 屏测试，单击 CCTV 屏各界面，确认各界面轮巡正常，无卡顿、花屏、黑屏、死机，如图 1-4-51 所示。

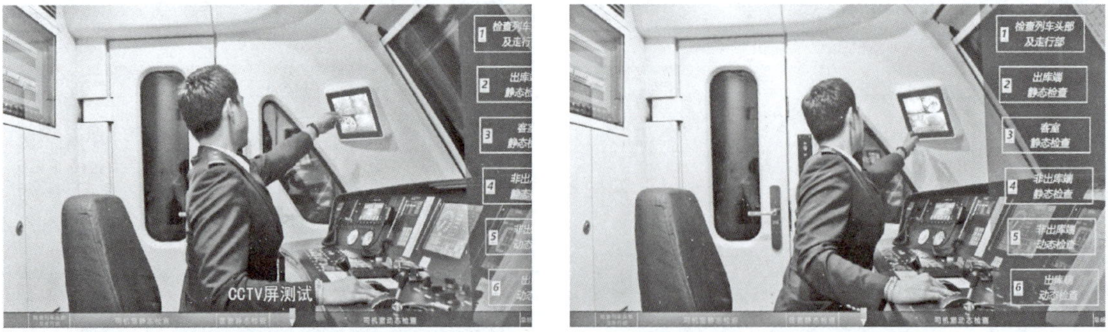

（a）开始CCTV屏测试　　（b）单击CCTV屏各界面

图 1-4-51　CCTV 屏测试

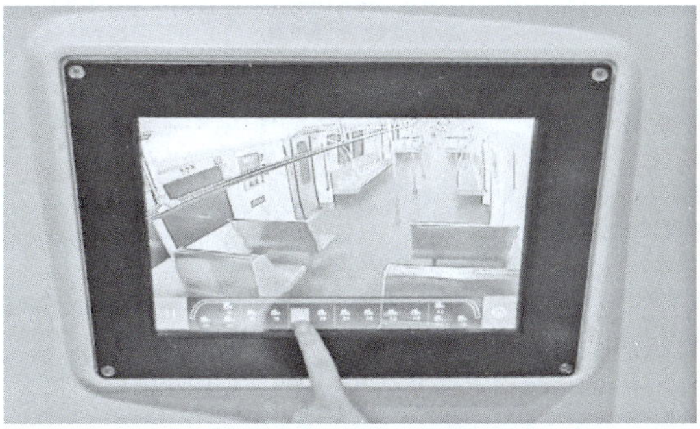

（c）观察CCTV屏各界面

（d）确认CCTV屏状态良好

图 1-4-51　CCTV 屏测试（续）

⑤车载台测试，确认归属地××车辆段，按下请呼键，与 DCC 值班员通话测试，如图 1-4-52 所示。

（a）开始车载台测试

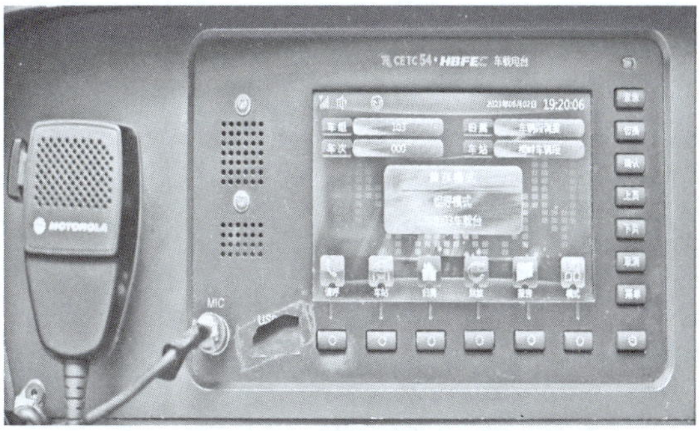

（b）车载台

图 1-4-52　车载台测试

⑥广播控制盒测试，确认人工广播、手动报站、紧急广播、司机室对讲功能正常，如图 1-4-53 所示。工作灯、主/备灯常亮为设备工作正常状态，测试时通信灯黄灯闪烁为通信正常，人工广播及司机室对讲测试时，听/讲指示灯黄色常亮为正常。

（a）开始广播控制盒测试

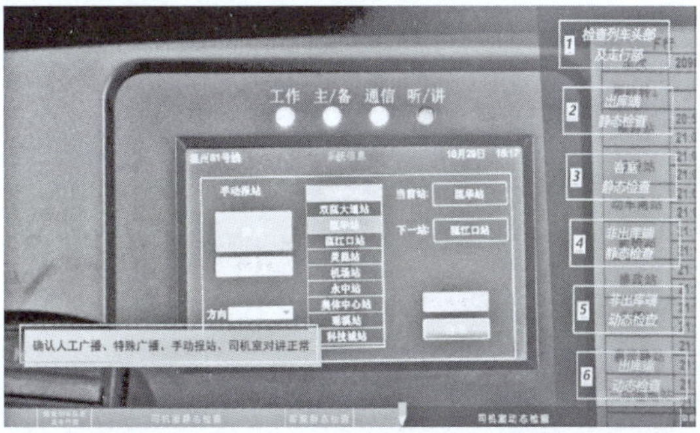

（b）广播控制盒

图 1-4-53　广播控制盒测试

⑦司机显示器（train operator display，TOD）信号屏检查，检查时确认 RM 模式可建立，查

看自检信息界面各板卡显示正常(绿色),车载信号控制器(carborne controller,CC)与 TOD 通信图标正常,如图 1-4-54 所示。

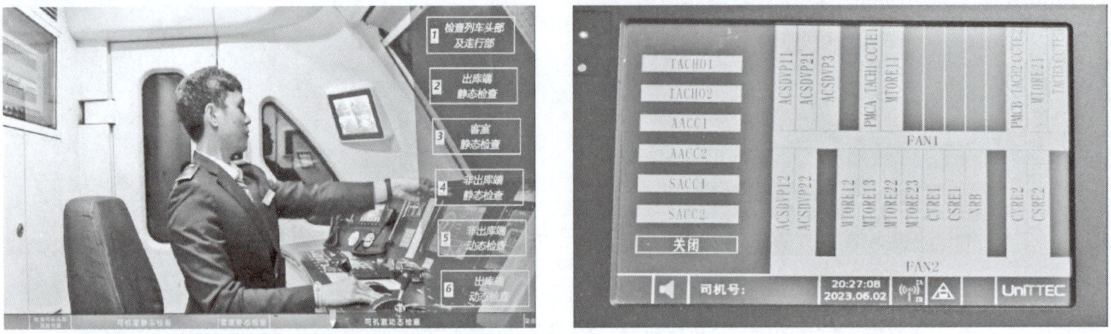

(a) 开始TOD信号屏检查　　(b) TOD信号屏

图 1-4-54　TOD 信号屏检查

⑧HMI 屏状态检查步骤如下:

a. HMI 屏检查时确认各界面设备状态,查看运行界面及车辆界面中牵引、制动、车门、辅助逆变器、空气压缩机、空调等设备状态,如图 1-4-55 所示。

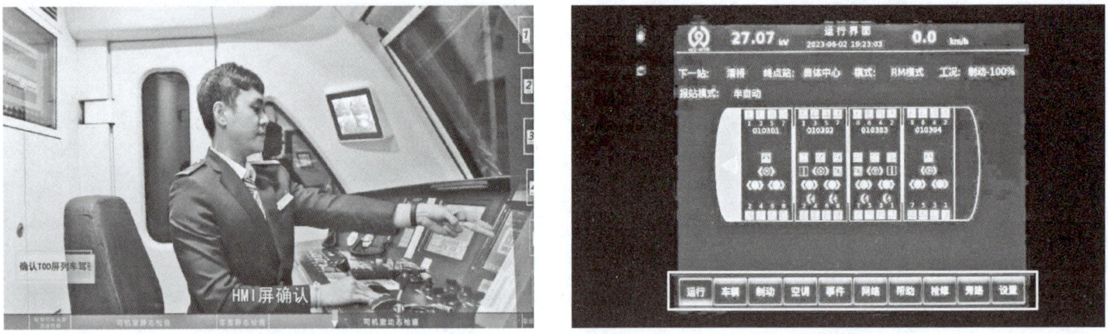

(a) 手指查看HMI屏　　(b) HMI屏

图 1-4-55　检查 HMI 屏

b. 客室照明控制测试,将客室照明控制开关一次,如图 1-4-56 所示。

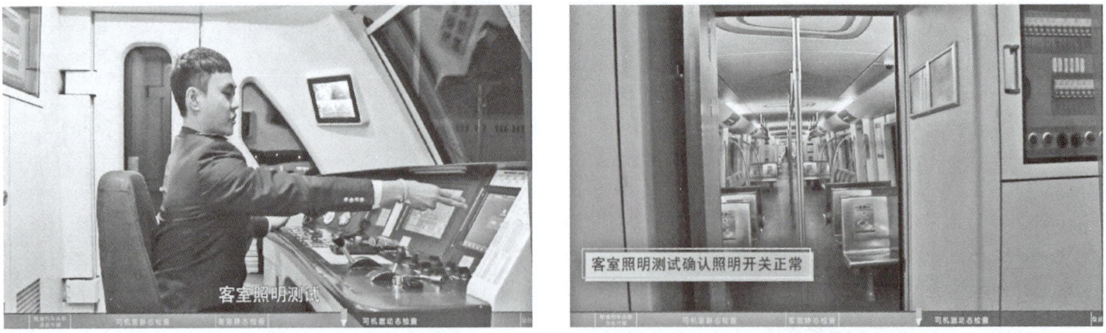

(a) 开始客室照明控制测试　　(b) 观察客室照明情况

图 1-4-56　客室照明控制测试

c. 进行空调测试,打开紧急通风保持 15 s,若均启动,测试成功,关闭紧急通风,如图 1-4-57 所示。

（a）开始空调测试

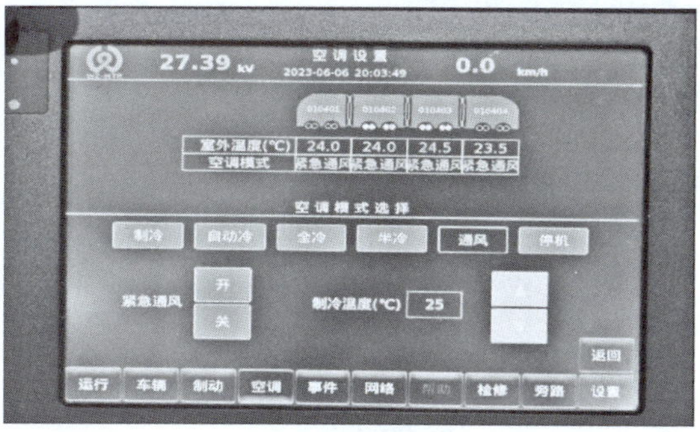

（b）打开紧急通风

图 1-4-57　空调测试

⑨紧急停车按钮测试，按下紧急停车按钮，在 HMI 屏确认紧制施加，如图 1-4-58 所示。恢复紧急停车按钮，主控手柄拉至快速制动位，缓解紧急制动。

（a）开始紧急停车按钮测试

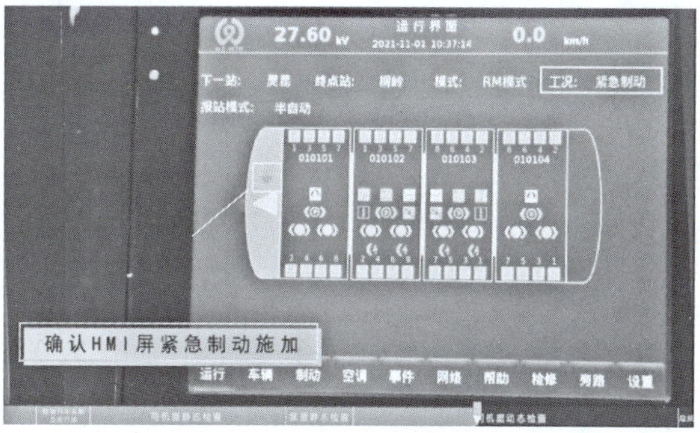

（b）打开紧急通风

图 1-4-58　紧急停车按钮测试

⑩车门测试步骤如下：

a. 将司机台门旁路开关打至车门旁路（door bypass，DBY）位，门模式选择手动开/手动关（MDO/MDC）位，如图 1-4-59 所示。

（a）操作门旁路开关

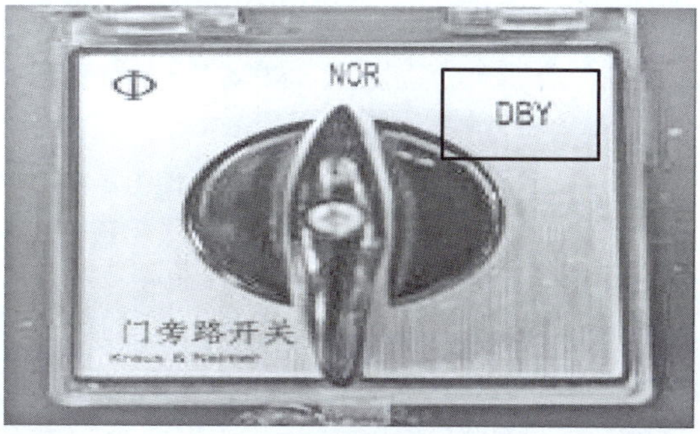

（b）门旁路开关

图 1-4-59　门旁路开关、门模式开关

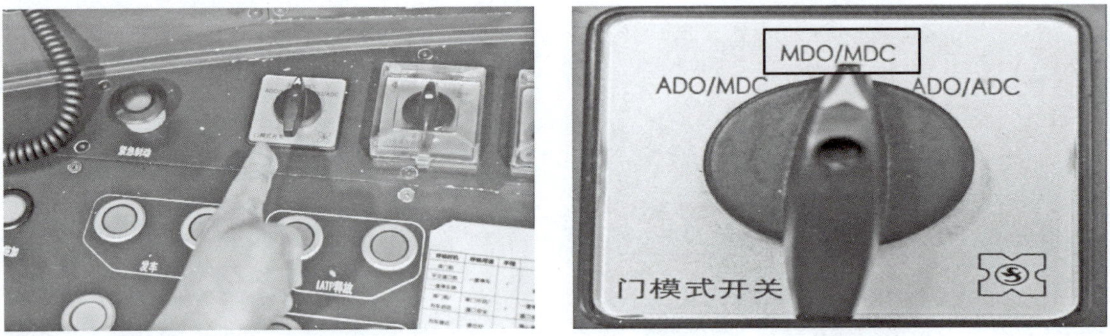

（c）操作门模式开关　　（d）门模式开关

图 1-4-59　门旁路开关、门模式开关（续）

b. 进行侧墙开门按钮测试，如图 1-4-60 所示，须同时按压侧墙门使能按钮和开门按钮，在 HMI 屏确认车门状态。

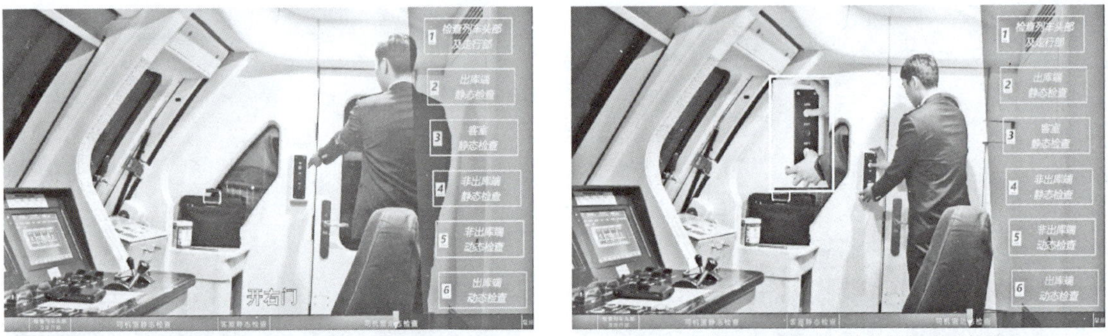

（a）手指侧墙开门按钮　　（b）同时按压侧墙门使能按钮和开门按钮

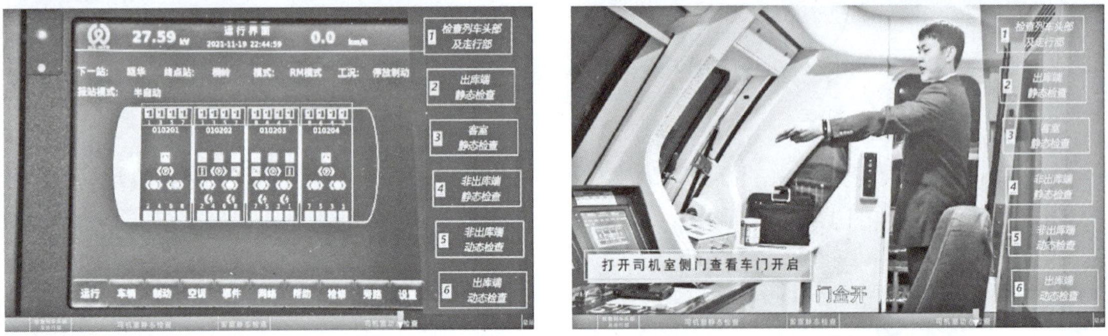

（c）在HMI屏确认车门状态　　（d）手指确认门开指示灯亮

图 1-4-60　侧墙开门按钮测试

c. 进行侧墙关门按钮测试，如图 1-4-61 所示，按压侧墙关门按钮，在 HMI 屏确认车门状态。关门时，还须确认司机操纵台面的门关好指示灯亮。

d. 司机台开关门按钮测试，如图 1-4-62 所示，将电气柜内人工门使能打至相应侧，按压司机台开门按钮，在 HMI 屏确认车门状态，按压司机台关门按钮，在 HMI 屏确认车门状态。测试完毕，将人工门使能恢复至正常位。

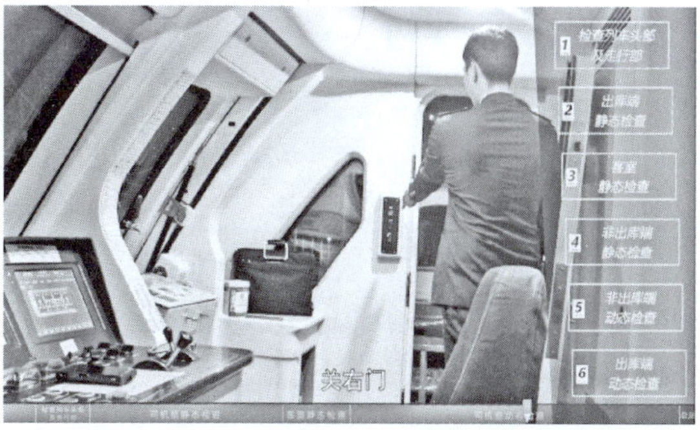

（a）手指侧墙关门按钮

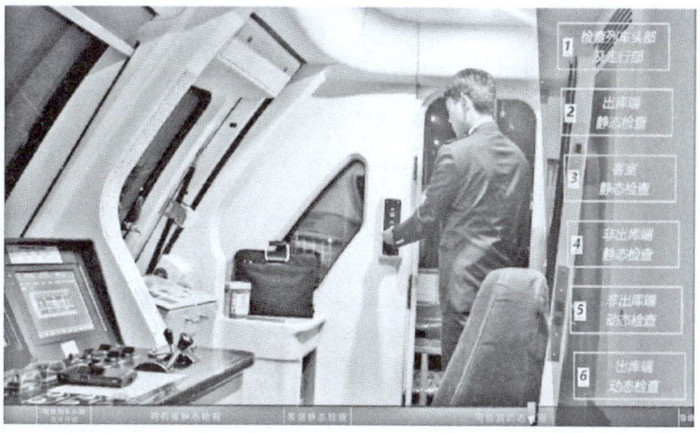

（b）按压侧墙关门按钮

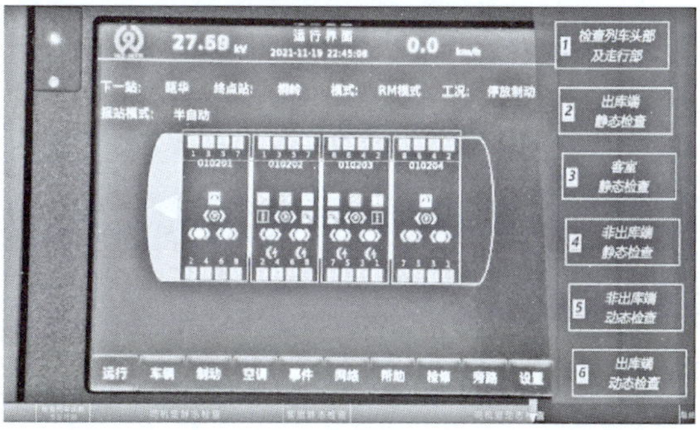

（c）在HMI屏确认车门状态

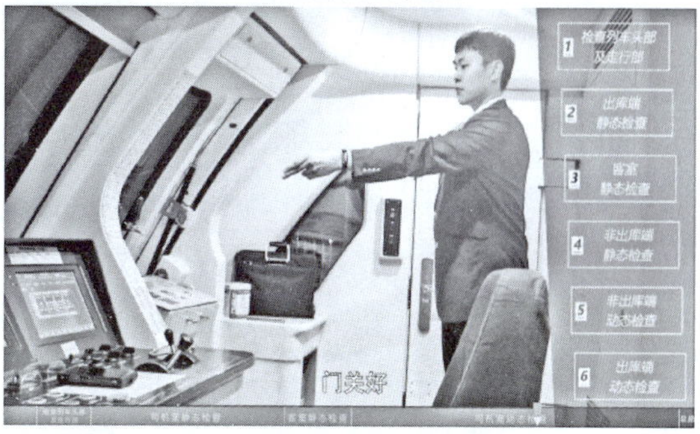

（d）手指确认门关好指示灯亮

图 1-4-61　侧墙关门按钮测试

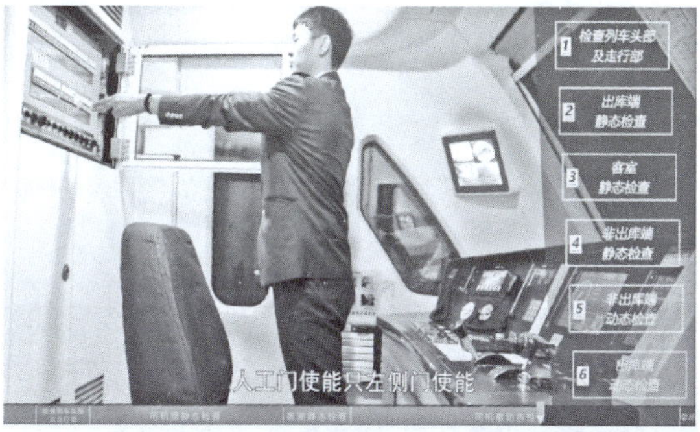

（a）人工门使能只左侧门使能

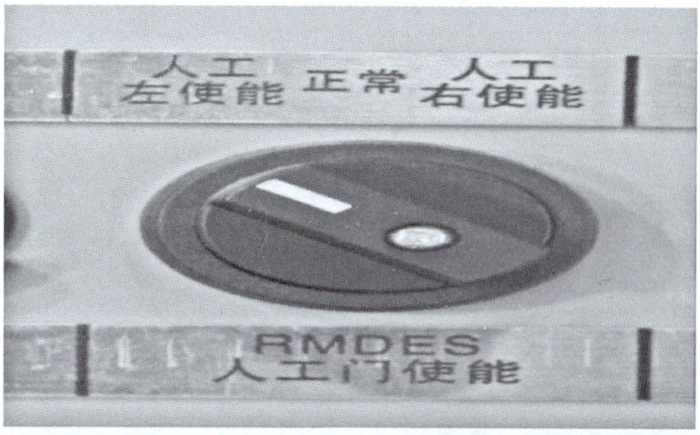

（b）人工门使能旋钮

（c）按下左开门按钮

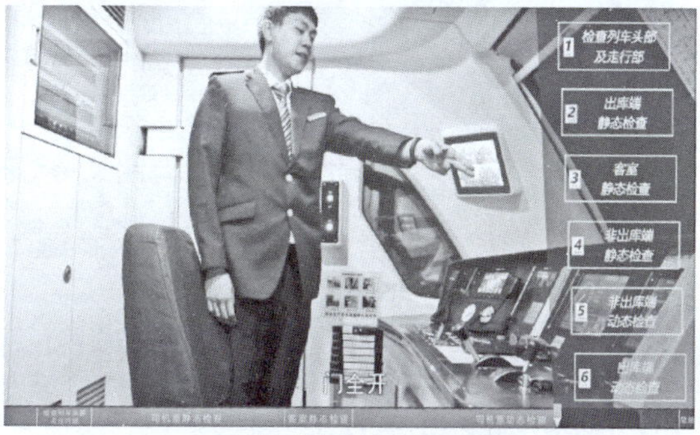

（d）手指确认左门全开

图 1-4-62　司机台开关门按钮测试

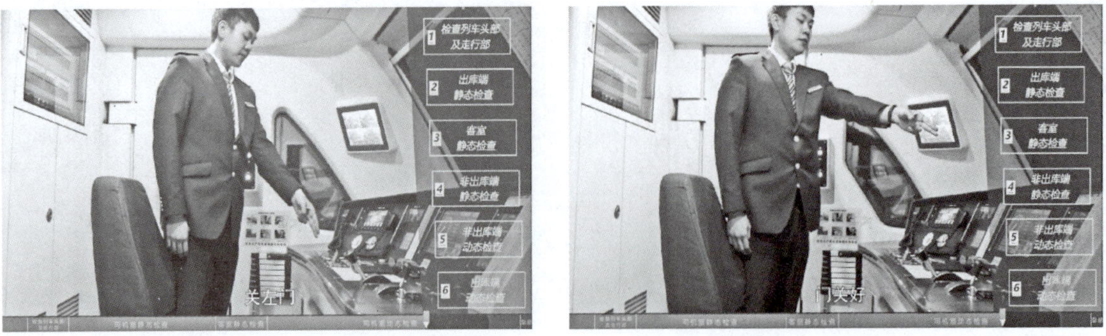

（e）按下左关门按钮　　（f）手指确认左门关好

图 1-4-62　司机台开关门按钮测试（续）

⑪司机室照明测试，刮雨器测试，前照灯远、近灯光测试，如图 1-4-63 所示。

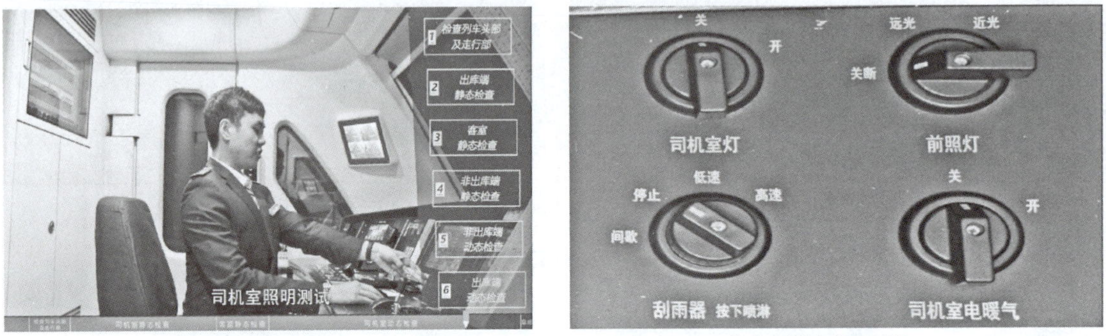

（a）司机室照明测试　　（b）司机室照明开关

图 1-4-63　司机室照明、刮雨器、前照灯测试

⑫制动测试，如图 1-4-64 所示，将主控手柄自惰行位逐级下拉至快速制动位，观察 HMI 屏制动界面制动压力及双针压力表数值逐渐上升。

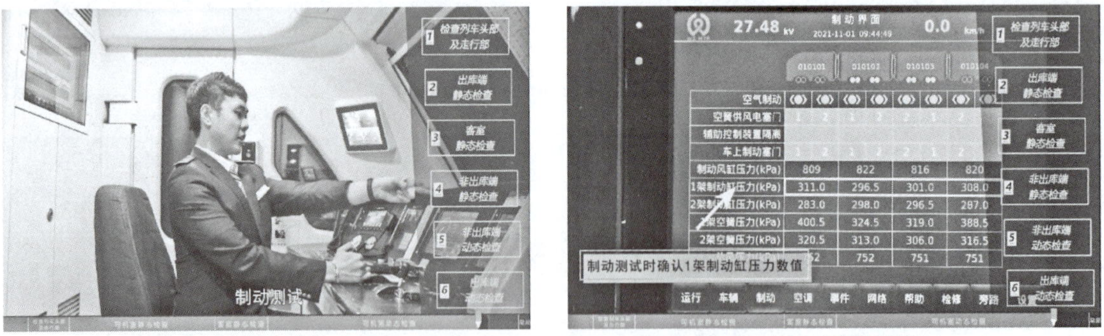

（a）开始制动测试　　（b）HMI屏制动界面

图 1-4-64　制动测试

⑬牵引测试步骤如下：

a. 确认列车两侧无人、无异物侵入限界，鸣笛动车，如图 1-4-65 所示。

b. 将主控手柄推至牵引位，观察车辆运行界面牵引力数值，动车后立即拉停，如图 1-4-66 所示。

（a）确认列车两侧状态　　（b）按下鸣笛按钮

图 1-4-65　牵引测试步骤 1

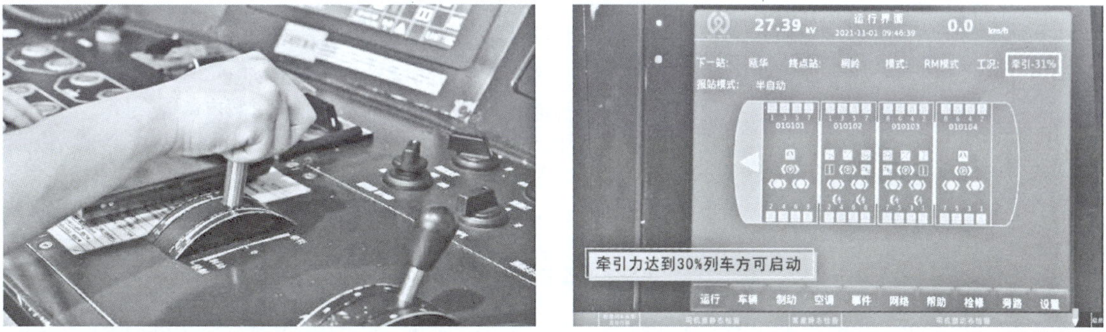

（a）主控手柄至牵引位　　（b）观察运行界面牵引力数值

图 1-4-66　牵引测试步骤 2

（5）整备完毕

①整备作业完毕报 DCC 值班员，按命令执行，如图 1-4-67 所示。

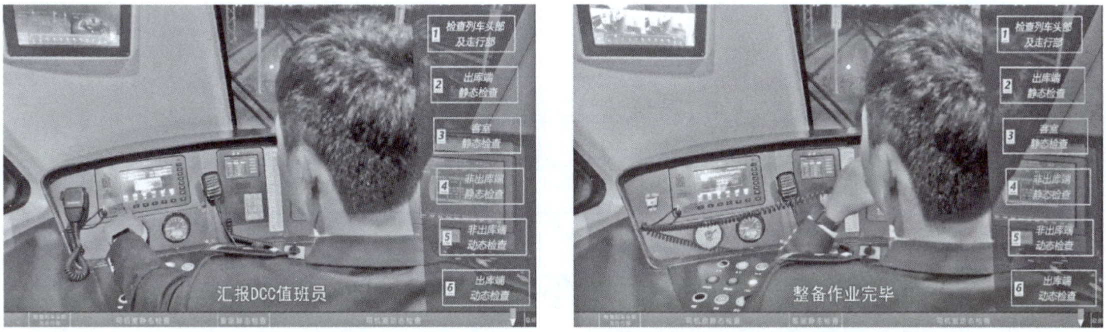

（a）向DCC值班员汇报　　（b）使用规范联控用语

图 1-4-67　整备作业完毕

②整备过程中若发现故障，立即报 DCC 值班员，做好故障现象确认并记录在状态记录卡。

③到达发车时间，仍未收到 DCC 值班员动车指令，主动与 DCC 值班员联系。

三、联控用语

场景模拟——14 道 0114 车司机整备作业完毕。

司机:DCC 值班员,14 道 0114 车整备作业完毕。

DCC 值班员:14 道 0114 车整备作业完毕,DCC 值班员收到,0114 车原地待令。

司机:0114 车原地待令,司机收到。

本节小结

- 整备作业流程
  - 到达指定股道,确认股道、车组号,报DCC值班员开始整备作业
  - 静检
    - 列车头部
      - 库内整备须绕车下一周
      - 查看有无异物或止轮器
    - 出场端司机室静检——电气柜、司机台等设备设施外观
    - 客室静检
      - 车门系统、照明系统等设备设施外观
      - 灭火器外观和消毒记录卡(见二维码内容)
    - 非出场端司机室静检——同出场端司机室静检
  - 动检
    - 出场端司机室动检
      - 通信系统
      - 广播系统
      - TOD信号系统
      - HMI网络系统(HMI屏状态检查)
      - 车门系统
      - 制动系统
      - 牵引系统
    - 非出场端司机室动检——同出场端司机室动检
  - 整备作业完毕,报DCC值班员,按命令出场

巩固练习

1. 四确认:__________、__________、__________、__________。
2. 做好个人防护,库内行走时,严禁__________、__________、越过安全线。
3. 列车整备作业原则:__________、__________。
4. 整备作业顺序:______________________________。

第四节　列车出入场作业

一、列车出场

视频　列车出入场

(1)列车整备作业完毕,司机在出场端司机室使用车载台报告 DCC 值班员列车整备完毕,如图 1-4-68 所示。

(2)动车运行至转换轨与行调联控出场。

①凭 DCC 值班员的动车指令和地面列车信号,方可动车出场,如图 1-4-69 所示。

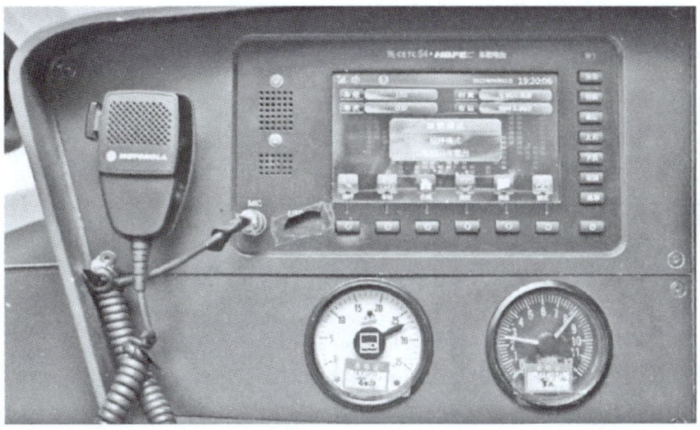

（a）车载台

（b）向DCC值班员汇报

图 1-4-68　报告 DCC 值班员列车整备完毕

（a）接收动车指令

（b）观察地面列车信号

图 1-4-69　接收动车指令并确认动车凭证

②司机动车前须确认列车两侧无人或异物侵入限界，信号机显示黄灯，如图 1-4-70 所示。

（a）确认列车两侧情况

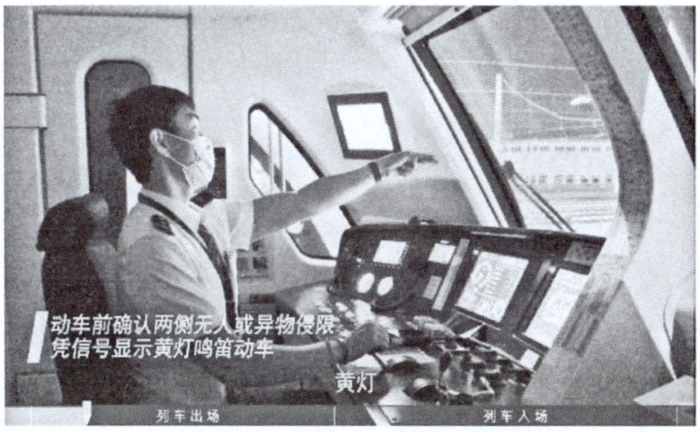

（b）地面列车信号机显示黄灯

图 1-4-70　确认两侧安全并再次确认地面信号显示

③确认道口安全，按下鸣笛按钮，以 RM 模式驾驶列车出场，如图 1-4-71 所示。

④以 RM 模式驾驶列车出库，须在库门、平交道口一度停车，确认线路状态良好后以 5 km/h 通过，列车全部出库后恢复规定速度运行，如图 1-4-72 所示。

（a）确认道口情况

（b）驾驶列车出场

图 1-4-71　确认道口安全驾驶列车出场

（a）库门一度停车

（b）尾部出库

图 1-4-72　车场运行注意一度停车和运行限速

（3）列车运行至转换轨出段信号机前停车位置标处对标停车，司机确认车载台在正线组，将手持台打至调度组和市域动车司机组，如图 1-4-73 所示。

（a）在停车位置标处对标停车

（b）将手持台打至调度组和市域动车司机组

图 1-4-73　在转换轨停稳后做好与行调联系准备

（4）使用车载台与行车调度员联系，确认地面信号开放，凭行车调度员命令运行至前方站，如图 1-4-74 所示。

二、列车入场

（1）列车结束运营任务，在终点站清客完毕后，使用车载台联系行车调度员，如图 1-4-75 所示。

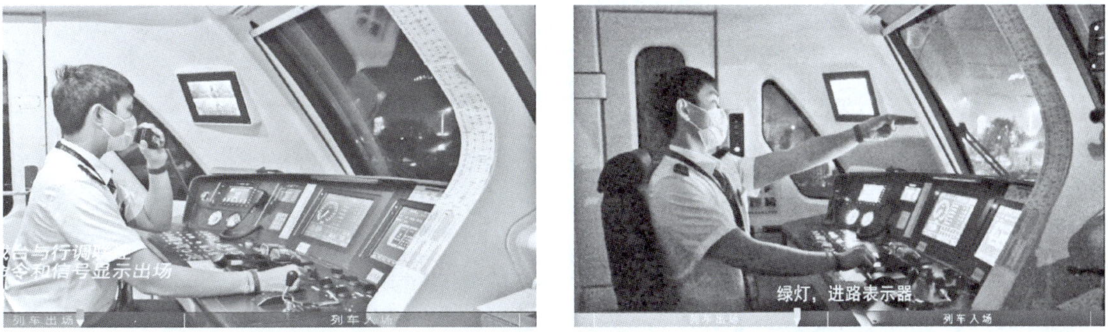

（a）与行车调度员联系　　（b）确认地面信号开放

图 1-4-74　在转换轨与行调联控后，凭地面信号显示出场

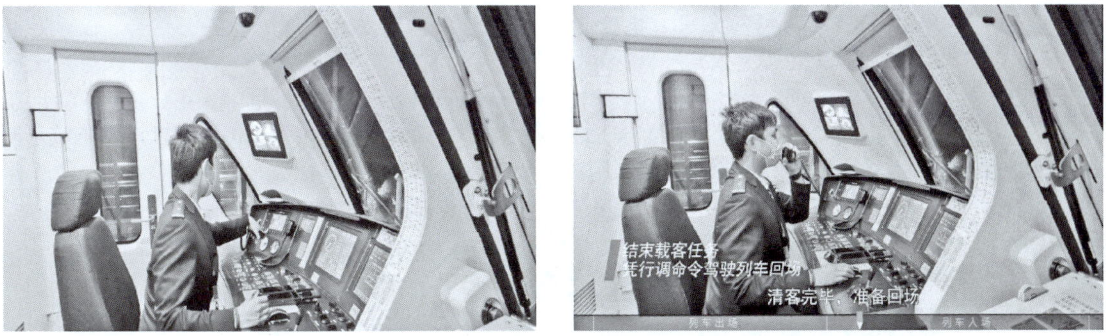

（a）操作车载台　　（b）联系行车调度员

图 1-4-75　联系行车调度员准备回场

(2)得到行调回场指令后，凭地面信号显示回场。

①司机确认地面信号开放，凭调度命令和地面信号显示动车，以 ATP + 模式回场，如图 1-4-76 所示。

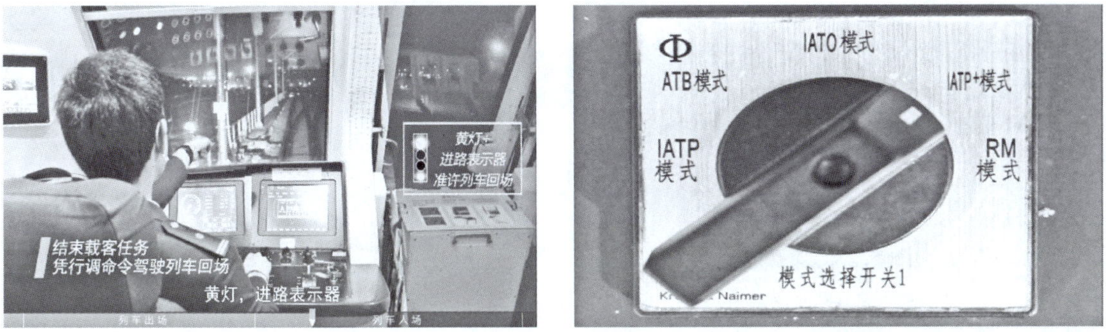

（a）手指确认地面信号开放　　（b）模式选择开关1打至ATP+模式

图 1-4-76　确认地面信号开放并转换驾驶模式

②运行至转换轨速度码零码处，使用手持台与 DCC 值班员联系，如图 1-4-77 所示。

(3)司机凭 DCC 值班员的动车指令，确认地面信号开放，以 RM 模式驾驶列车运行至停车线，如图 1-4-78 所示。

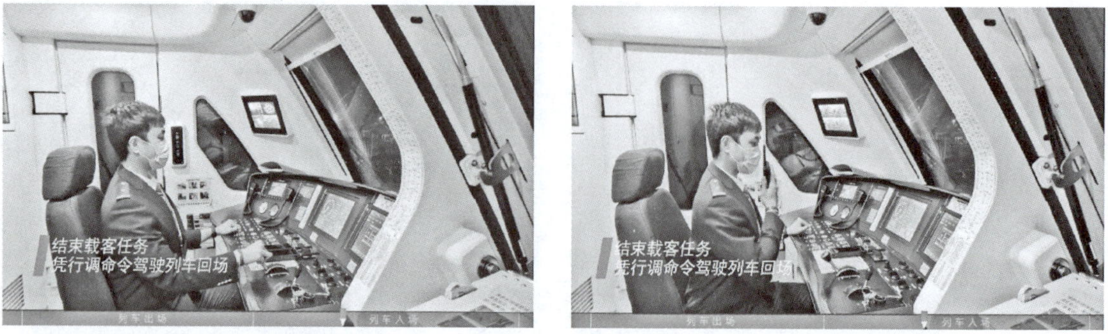

（a）运行至转换轨速度码零码处　　（b）与DCC值班员联系

图 1-4-77　运行至转换轨指定位置停稳后，呼叫 DCC 值班员联控回场

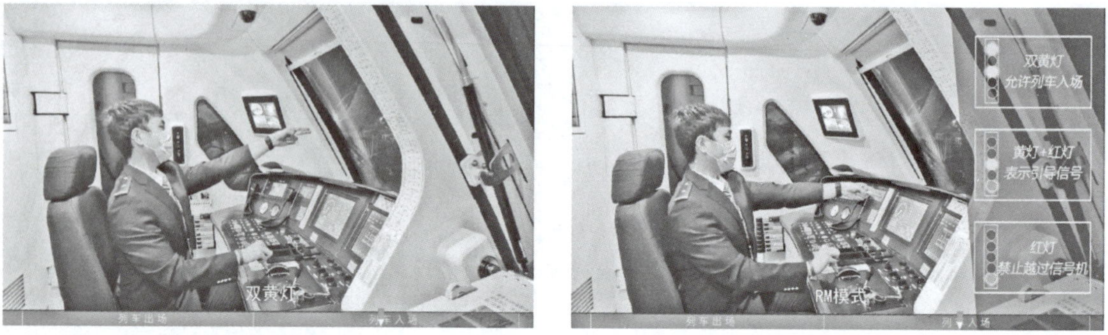

（a）手指确认地面信号　　（b）转换驾驶模式至RM模式

图 1-4-78　驾驶列车运行至停车线

（4）运行过程中注意确认道岔位置，在平交道口一度停车，确认股道位置、道口安全后，鸣笛动车，如图 1-4-79 所示。

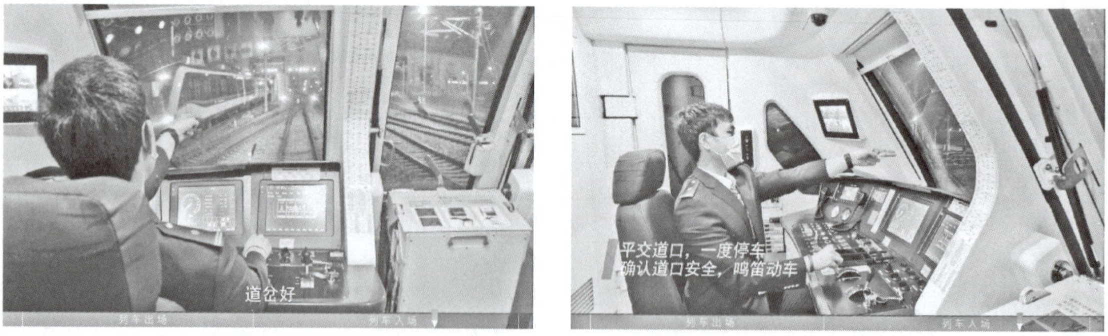

（a）手指确认道岔位置　　（b）手指确认股道位置

图 1-4-79　确认运行径路

（5）列车在指定位置停稳后，按 DCC 值班员指令收车或保持热备，下车到派班室退勤。

本节小结

本节介绍列车出场和入场的操作流程及其标准化作业，是市域动车组司机必备并且需要熟练掌握的知识和技能，在以后的工作中是常态化作业流程，须严格按照作业规范和流程进行。

巩固练习

1. 列车出场动车前须确认两侧______________。
2. 在库门、平交道口应______________。
3. 在终点站清客完毕后，使用______________联系行车调度员。

第五节　列车正线运行作业

一、正线驾驶

视频

正线驾驶与站台作业

驾驶列车时应集中精力，严禁在列车运行中打盹、看书或做与行车无关的事，造成间断瞭望。遵循“远看信号、近看道岔、外看线路、内看仪表”原则，做到动车集中看、瞭望不间断，发现危及行车安全时，及时采取紧急措施。

1. 标准化手指口呼

(1)手指时应单臂直伸握拳，大拇指按住无名指，食指与中指伸出，指向所确认的设备、设施，确认后手臂自然放下，如图1-4-80所示。口呼必须使用普通话，要求声音洪亮、吐字清晰、明朗利索。

(2)作业时司机必须确认设备状态，动车前必须确认行车凭证、道岔及进路，认真执行手指口呼标准。手指口呼应做到及时、准确，停顿1 s及以上，时机不当不呼唤，必须“眼到、手到、口到、心到”。

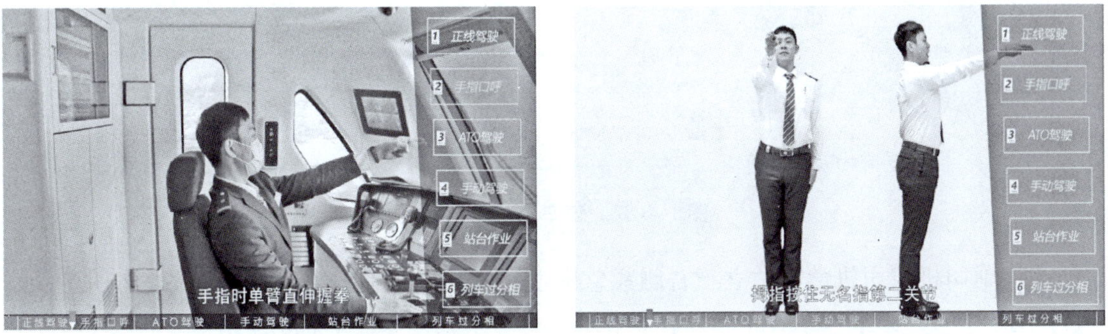

(a) 手臂　　(b) 手势

图1-4-80　手指时标准姿势

(3)手指口呼行车标志标识、信号显示时，应掌握好准确地点，及时呼唤，以免造成漏呼、错呼。正线运行时，距信号机200 m、距行车标志标识30 m时进行手指口呼确认。遇瞭望距离不足时，在可视范围内及时进行手指口呼确认。车场运行时，距信号机30 m、距行车标志标识10 m时进行手指口呼确认。

2. 标准化驾驶作业

(1)列车运行中司机应保持坐姿端正，挺胸抬头，双脚平放，不得抖动双腿。

(2)ATO 模式驾驶时左手自然放在广播控制盒前的司机台面上,右手放置于主控手柄右侧,如图 1-4-81 所示;人工驾驶时,左手自然放在广播控制盒前的司机台面上,右手紧握主控手柄,保持警惕按钮按下。

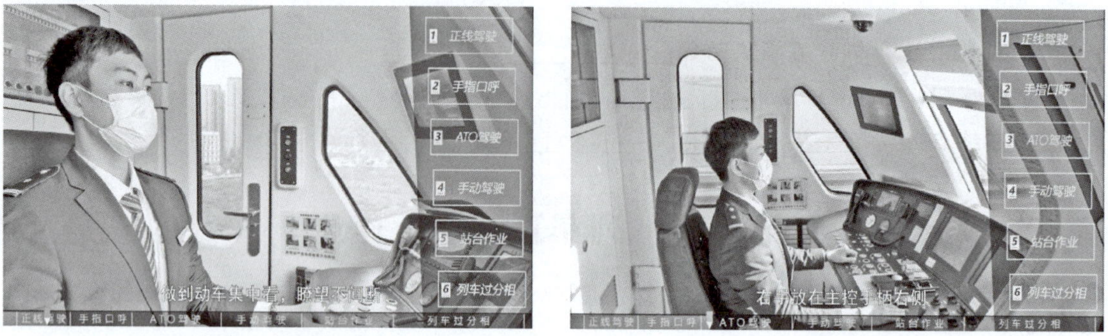

(a)坐姿端正、目视前方　　(b)双手按规定位置摆放

图 1-4-81　驾驶时坐姿与手部摆放位置

(3)人工驾驶操作主控手柄时不得“急推快拉”。运行时,掌握好列车加速、制动,保持列车平稳运行,防止列车超速产生紧急制动。

(4)停车时,控制好速度,精确对标,避免冲/欠标停车。列车停稳后,将主控手柄置于全常用制动位,如图 1-4-82 所示。

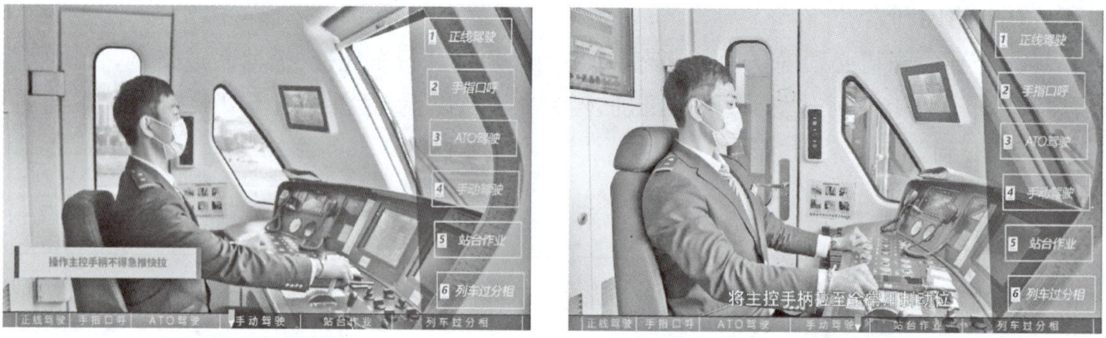

(a)手柄不得急推快拉　　(b)主控手柄位置

图 1-4-82　停车时标准化作业

(5)副司机或司机学员站立于右侧紧急逃生门处,姿势端正,双手自然下垂,与司机同步执行手指口呼。身体不得依靠车内任何部位,不得东张西望,为保持身体稳定性,可右手扶住紧急疏散梯。

二、站台作业

1. 站台作业注意事项

站台作业时,注意列车与站台之间的空隙,防止踩空掉下轨道摔伤。人工开关车门时,严格按照“一确认、二呼唤、跨半步、再开门”的原则开关车门,严禁盲目操作造成错开门。

2. ATO 模式驾驶站台作业

(1)门模式 AM 位,列车对标停稳后,手指确认信号屏停车到位、列车静止图标,口呼停准停稳，如图 1-4-83 所示。

（a）手指口呼

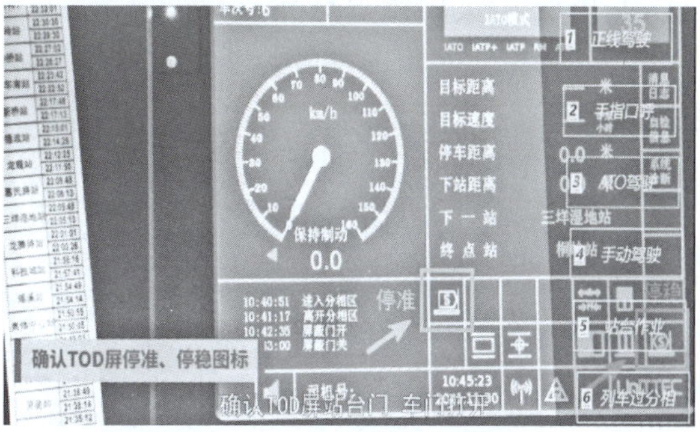

（b）确认信号屏图标

图 1-4-83　ATO 模式驾驶站台作业 1

(2)将主控手柄拉至全常用制动位，手指确认门使能开门侧，口呼开左/右门。站台门、车门自动联动打开，手指车辆屏显示车门全部打开，口呼门全开，如图 1-4-84 所示。

（a）手指口呼

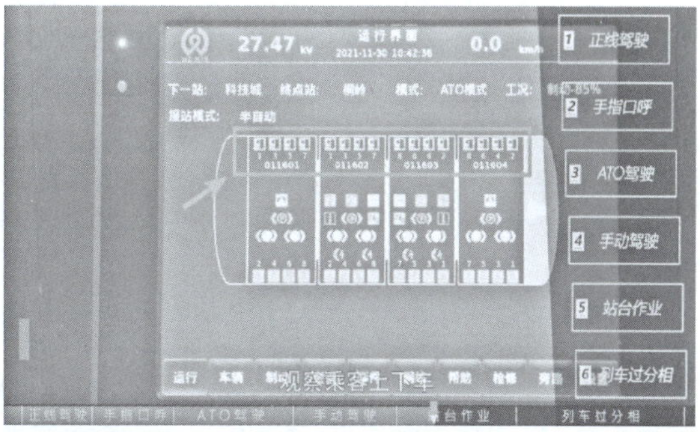

（b）确认信号屏图标

图 1-4-84　ATO 模式驾驶站台作业 2

(3)上站台立岗，手指站台门就地控制盘，确认门关闭锁紧灯灭。手臂斜下 45°指第一扇站台门，口呼站台门开，如图 1-4-85 所示。

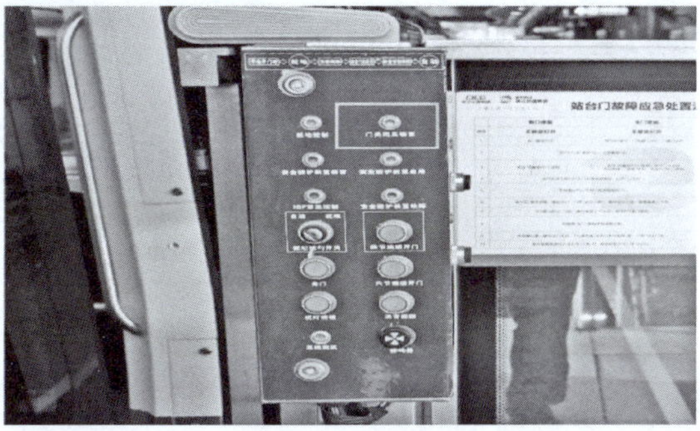

（a）就地控制盘

（b）确认第一扇站台门开启

图 1-4-85　ATO 模式驾驶站台作业 3

(4)待发车时间显示器(departure time indicator，DTI)倒计时 15 ~ 13 s，确认乘客上下车

完毕，按下侧墙关门按钮，持续观察空隙。手指就地控制盘（platform screen doors local control panel，PSL）门关闭锁紧灯亮，口呼站台门关，如图 1-4-86 所示。

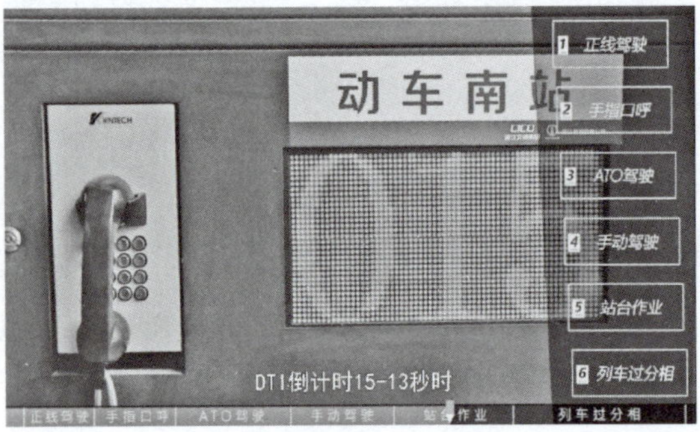

（a）DTI

（b）按压侧墙关门按钮

图 1-4-86　ATO 模式驾驶站台作业 4

（5）手指确认空隙无夹人夹物，尾端瞭望灯带显示完整保持 2 s，口呼空隙安全，如图 1-4-87 所示。

（a）确认空隙无夹人夹物

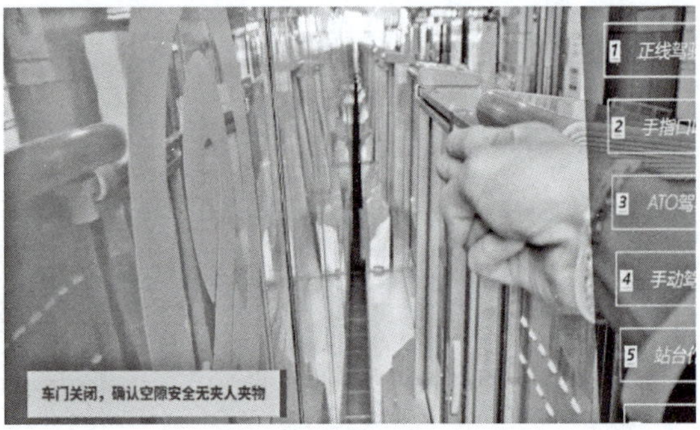

（b）按压侧墙关门按钮

图 1-4-87　ATO 模式驾驶站台作业 5

（6）手指确认所有门关好灯亮，车辆屏显示车门全部关闭，口呼门关好，如图 1-4-88 所示。

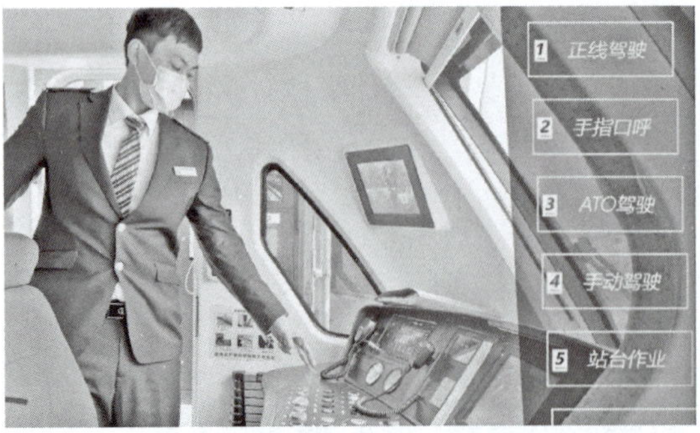

（a）手指确认所有门关好灯亮

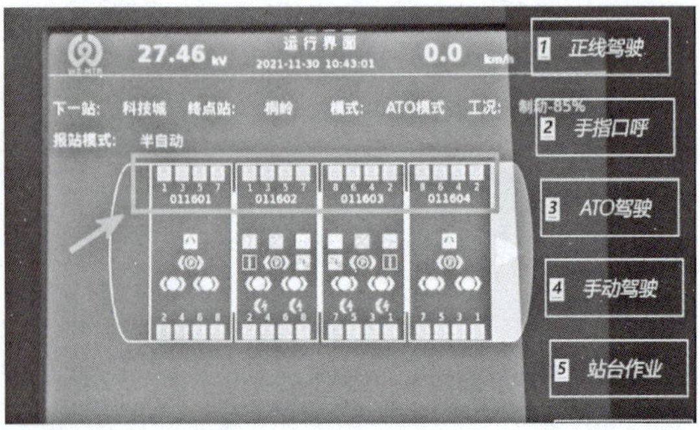

（b）确认信号屏图标

图 1-4-88　ATO 模式驾驶站台作业 6

本节小结

本节介绍标准化作业的手指口呼的规范要求，ATO 模式和手动驾驶模式时的驾驶标准，站台作业注意事项及 ATO 模式时站台作业的标准化作业流程。这是市域动车组司机必备并且需要熟练掌握的知识和技能,需要在以后的工作中不断强化练习。

巩固练习

1. 行车遵循“远看信号、____________、外看线路、____________”原则。

2. 人工开关车门时,严格按照“一确认、____________、____________、再开门”的原则开关车门。

3. 人工驾驶操作主控手柄时不得____________。

4. 站台作业时,注意列车与站台之间的____________,防止踩空掉下轨道摔伤。

第六节　列车清客、折返、交接班作业

视频

清客折返交接班

一、终点站清客作业

(1)当列车运行至终点站时,打开站台门、车门,播放终点站清客广播“各位乘客,本次列车的终点站××站到了,请带齐随身物品下车,感谢您的配合”,如图 1-4-89 所示。

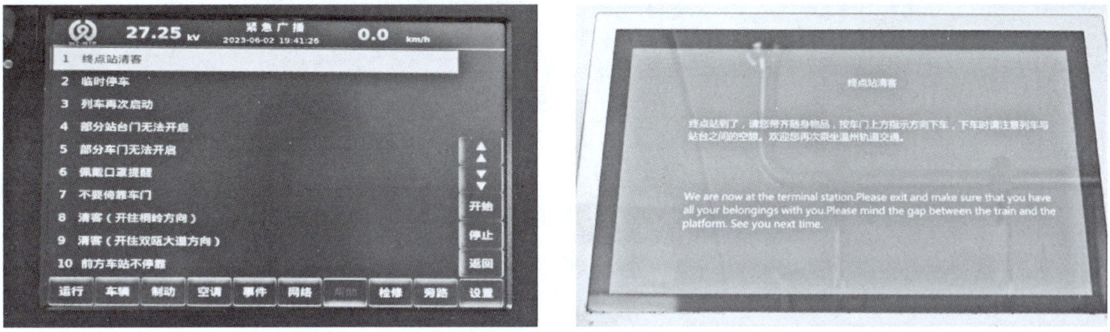

(a) 播放终点站清客广播　　(b) 清客广播内容

图 1-4-89　终点站清客作业 1

(2)站务人员上车清客,司机在站台立岗,如有乘客再次上车,及时通过站台电话提醒站务人员,如图 1-4-90 所示。

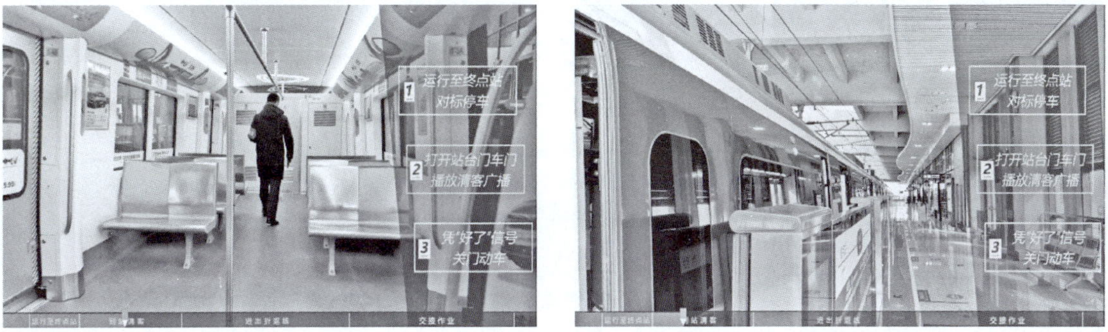

(a) 站务人员上车清客　　(b) 司机在站台立岗

图 1-4-90　终点站清客作业 2

(3)站务人员清客完毕,向司机显示好了手信号,司机举手回示,随后返回司机室,如图 1-4-91 所示。

(a)站务人员上车清客

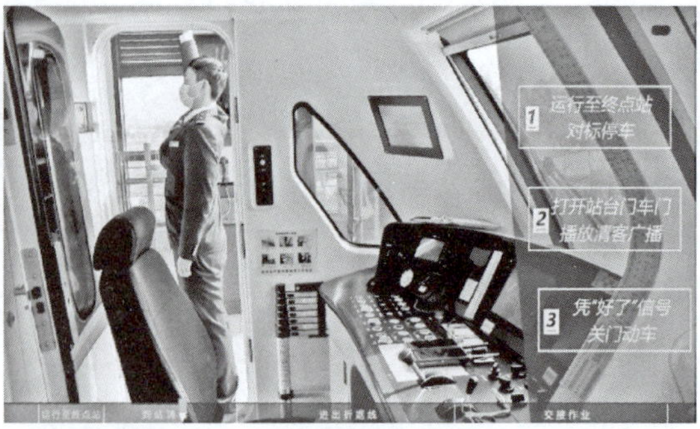

(b)司机在站台立岗

图 1-4-91　终点站清客作业 3

(4)司机进入司机室,打开间壁门查看客室有无乘客滞留。若有乘客滞留,立即使用车载台汇报行车调度员,按行车调度员命令执行,如图 1-4-92 所示。

(a)查看有无乘客滞留

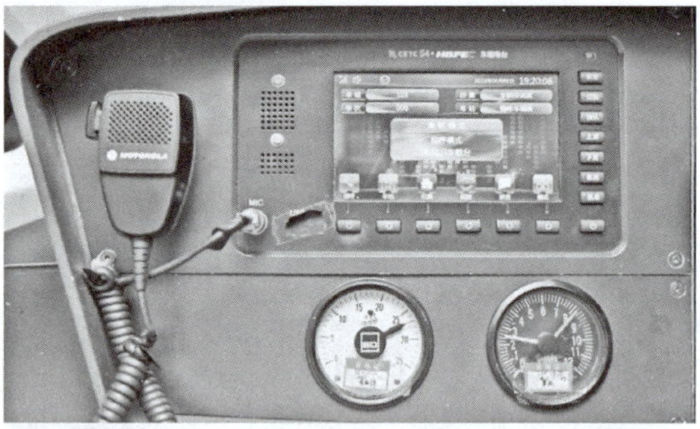

(b)车载电台

图 1-4-92　终点站清客作业 4

(5)清客完毕后,凭运营时刻表和地面信号显示继续运行至折返线,如图 1-4-93 所示。

(a)手指确认地面信号

(b)地面信号灯

图 1-4-93　终点站清客作业 5

二、折返作业

（1）列车在终点站清客站台作业完毕后，进入司机室确认信号机、道岔开放，将列车平稳运行至折返线，如图 1-4-94 所示。

（a）地面信号灯

（b）将列车平稳运行至折返线

图 1-4-94　折返作业 1

（2）在规定位置对标停稳后，手指确认列车静止图标，主控手柄回零位，方向手柄回零位，关闭激活端钥匙，带好行车备品换端，如图 1-4-95 所示。

（a）对标停车

（b）手柄回零位

图 1-4-95　折返作业 2

（3）换端时反推确认间壁门锁闭良好，进入司机室确认信号机、道岔开放。具备发车条件后，激活主控钥匙，启动列车进入始发站，如图 1-4-96 所示。

（a）对标停车

（b）手柄回零位

图 1-4-96　折返作业 3

三、交接班作业

(1)接车司机提前 2 min 到达站台头端立岗准备接车，待列车进站停稳，交车司机站台作业完毕后，打开端门，接车司机通过端门进入司机室进行交接作业，如图 1-4-97 所示。

(a) 接车司机立岗接车　　(b) 接车司机进入司机室

图 1-4-97　交接班作业 1

(2)接车司机与交车司机应在司机室当面交接，交接内容包括：行车相关设备设施状态，有效的行车命令、行车凭证及有关行车安全注意事项，列车状态及故障处理方法等。交接完毕，交车司机在站台立岗，目送列车发车后，前往换乘室休息待乘，如图 1-4-98 所示。

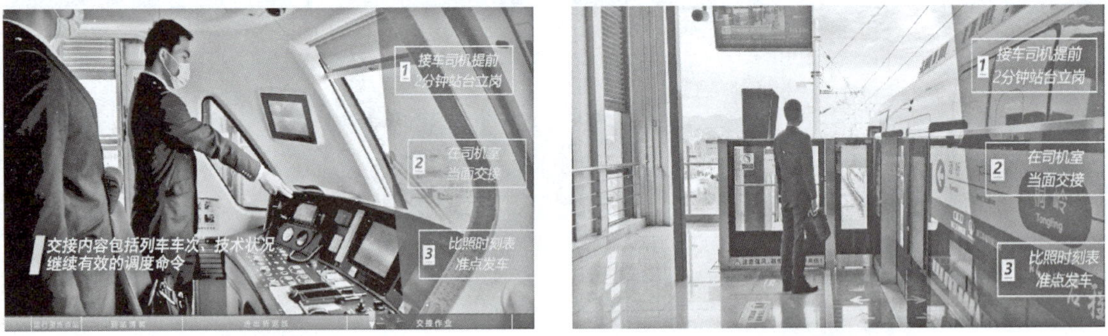

(a) 当面交接　　(b) 交车司机目送列车发车

图 1-4-98　交接班作业 2

(3)接车司机查看广播音量、TOD 自检信息，按规定设置广播、空调，查看电气柜内各断路器、旁路开关在正常位置，比照时刻表时间关门发车，如图 1-4-99 所示。

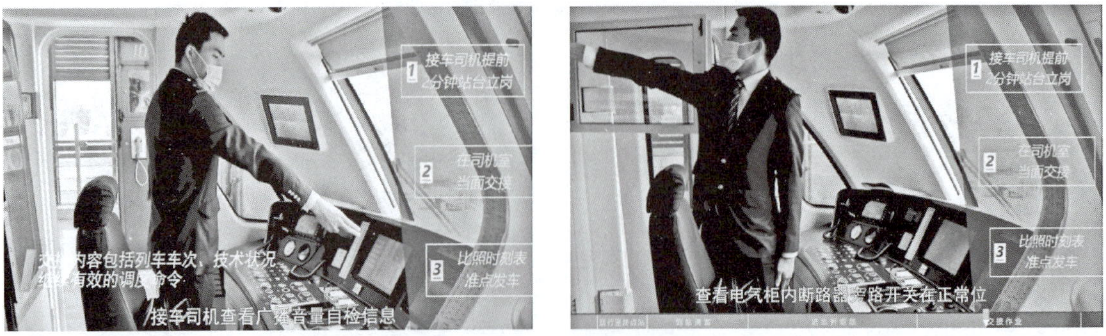

(a) 检查设备状态1　　(b) 检查设备状态2

图 1-4-99　交接班作业 3

本节小结

本节介绍市域动车组司机在进行清客作业、折返作业、交接班作业时的作业流程，其中的内容都是市域动车组司机应该熟练掌握的知识和技能，需要在以后的工作中不断强化练习。

巩固练习

1. 当列车运行至终点站时，打开站台门、车门，播放终点站清客广播“__________，__________，__________，__________”。

2. 清客完毕后，凭__________和__________显示继续运行至折返线。

3. 接车司机与交车司机应在司机室当面交接，交接内容包括：__________，__________，__________及__________，列车状态及故障处理方法等。

第七节　车场作业

一、车场内运行要求

（1）在场内运行时，司机发现有人员在线路上行走时，应鸣笛警示并停车。

（2）在场内运行时，司机发现异物侵入限界，应紧急停车。

（3）车调联控过程中，呼叫人未按呼叫时机进行联控时，被呼叫人应进行反呼，提示呼叫人进行联控作业。

（4）调车作业中，市域动车组运行至尽头线时，严格把控速度。

（5）经过平交道口必须一度停车，限速 5 km/h 通过。

二、调车作业

视频

调车作业

1. 调车作业安全准则

（1）严格按照车辆转轨调车单的调车步骤执行，执行“干一勾，划一勾”作业标准。

（2）准确掌握驾驶速度，遇瞭望困难或天气不良时，应适当降低速度。

（3）调车作业中，未接到 DCC 值班员待令的通知时，严禁擅自动车。

（4）遇变更计划时，必须停止调车作业。不超过一勾时，由场调将变更后的计划，口头向司机传达，司机必须复诵变更后的计划；超过一勾时，必须重新领取车辆转轨调车单，并与 DCC 值班员核对无误后方可进行调车作业。

2. 作业程序及标准

（1）接受调车计划

接到调车任务后，前往 DCC 控制室领取车辆转轨调车单，然后前往指定股道调车，如图 1-4-100 所示。

（2）整备作业（调车）

①整备前须环绕车下一周进行检查，然后按照市域动车组整备作业流程激活列车进行

整备，如图 1-4-101 所示。

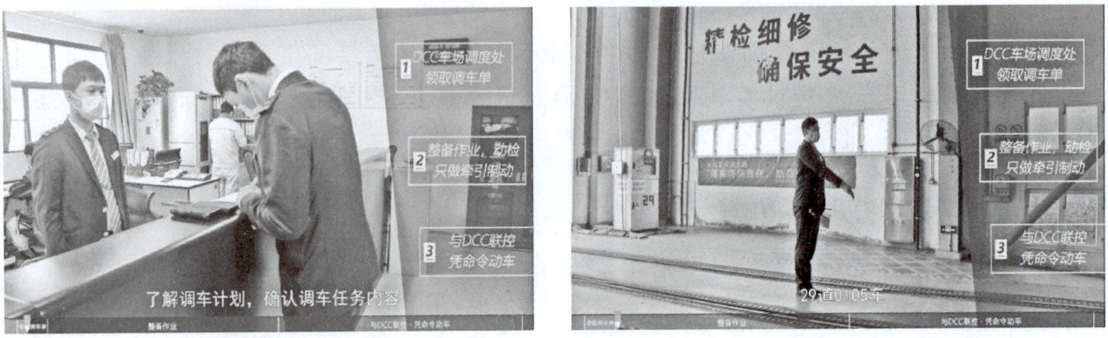

（a）领取调车单　（b）前往股道调车

图 1-4-100　接受调车计划

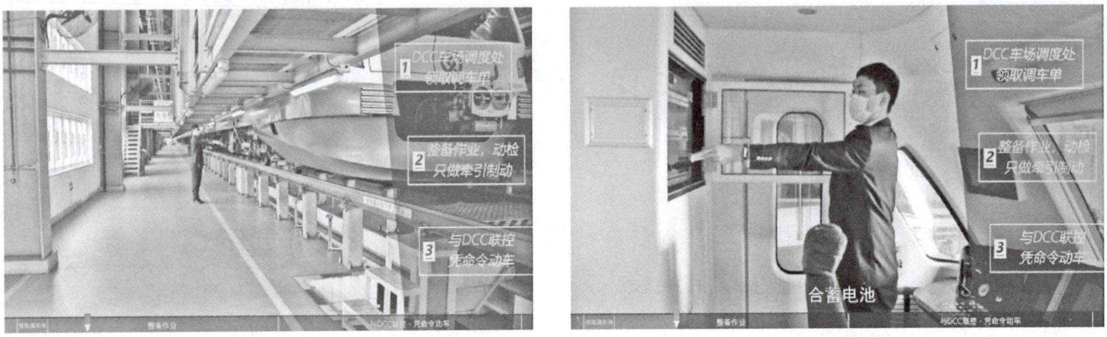

（a）绕车检查　（b）激活列车进行整备

图 1-4-101　整备作业（调车）1

②静态试验只须检查司机室设备柜旁路及旋钮开关，如图 1-4-102 所示。

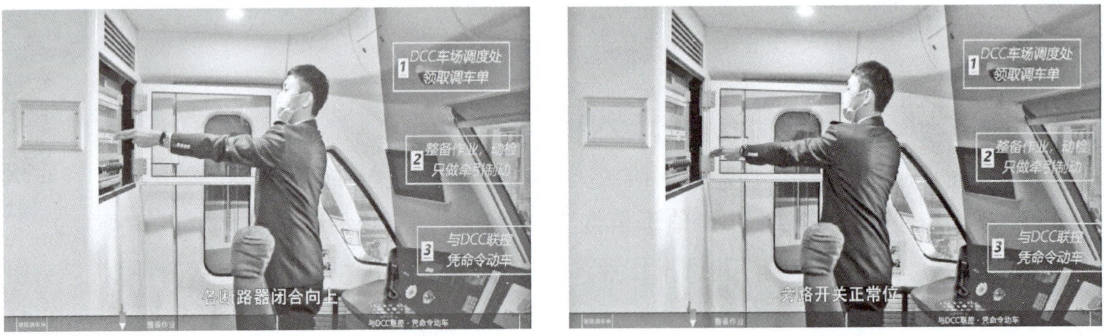

（a）静态试验1　（b）静态试验2

图 1-4-102　整备作业（调车）2

③动态试验只须进行牵引、制动功能试验，如图 1-4-103 所示。

（3）出库运行

司机将模式选择开关 1 转换至 RM 模式，待调车信号开放，DCC 值班员与司机联系，凭 DCC 值班员指令鸣笛动车。接到 DCC 值班员动车指令时，须确认动车“五要素”，无人或障碍物侵限，运行中加强瞭望，确保调车安全，如图 1-4-104 所示。

（a）动态试验1

（b）动态试验2

图 1-4-103　整备作业（调车）3

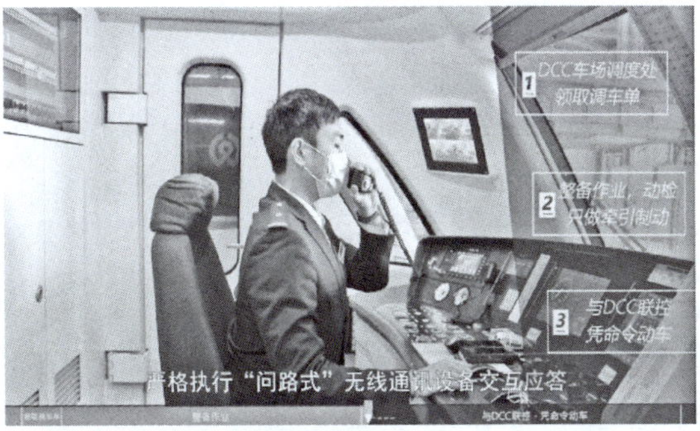

（a）标准化问答

（b）手指口呼

图 1-4-104　出库运行

（4）场内运行

①列车在场内行驶时，司机应确认信号机显示白灯及道岔开通位置正确，并手指口呼“白灯，道岔好，进路安全”，如图 1-4-105 所示。

（a）手指口呼

（b）确认信号及道岔

图 1-4-105　场内运行 1

②列车驾驶至牵出线时，司机在列车接近停车牌时应减速，将列车停稳在停车牌 ±25 cm 范围内，如图 1-4-106 所示。

（5）换端作业

①司机确认列车停在规定的信号机内方后，关钥匙换端至后端司机室，如图 1-4-107 所示。

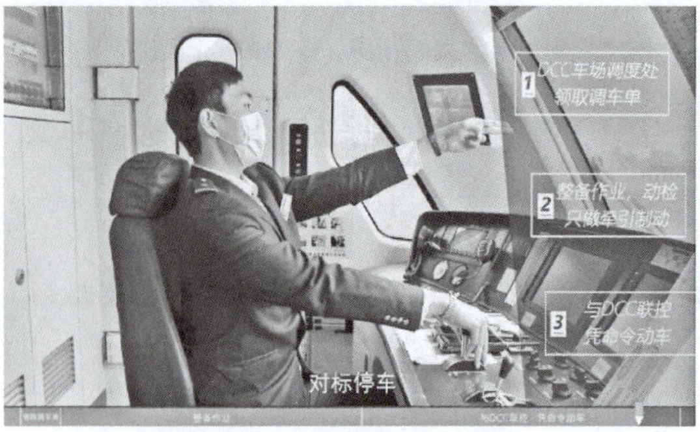

（a）对标停车

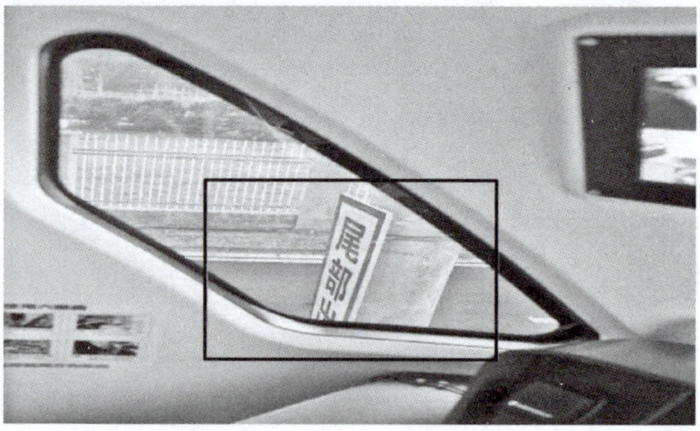

（b）停车牌

图 1-4-106　场内运行 2

（a）关钥匙1

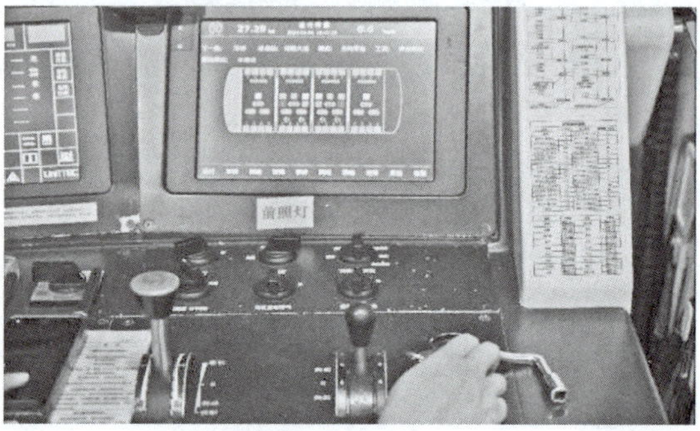

（b）关钥匙2

图 1-4-107　换端作业 1

②与 DCC 值班员联控列车已在牵出线停稳并换端完毕，确认信号、道岔正确，开启钥匙激活列车，转换至 RM 模式，再次确认信号机显示及道岔开通位置正确后动车，如图 1-4-108 所示。

（a）换端完毕

（b）确认信号、道岔

图 1-4-108　换端作业 2

（6）入库运行

列车入库前，应在停车库的平交道外方一度停车，调车司机确认以下内容：

①股道位置正确。

②前方路径无人及异物侵入限界。

(7)收车

①列车停稳后,根据 DCC 命令执行收车,确认负载关闭(空调、照明、电暖)、施加停放制动、断开 VCB、鸣笛降弓,并在 HMI 屏确认,确认后将主控手柄拉至零位、方向手柄拉至零位,拔出主控钥匙,关闭蓄电池。

②司机离开列车前带齐备品,报告 DCC 值班员收车作业完毕。

三、洗车作业

视频

洗车作业流程

1. 洗车注意事项

(1)在洗车作业时,列车在洗车线上必须采用“洗车”模式。

(2)在作业过程中,司机必须打开无线手持台,随时与洗车机操作人员联系或听取操作人员的指令。

(3) 司机在洗车区发现任何危害行车安全的情况时,应立即停车,报告洗车机操作人员(司机禁止在洗车库内下车或身体伸出车外)。

(4)在洗车过程中司机须确认无异物侵入限界。

(5)司机在洗车作业过程中注意司机室刮雨器在关闭位(特别是雨天回库列车,司机必须保证两端司机室刮雨器都要关闭)。

(6)原则上洗车库内不得退行,若司机未对准端洗停车标,须主动联系洗车机操作人员,取消端洗,同时联系 DCC 值班员,按 DCC 值班员指示执行。

(7)进、出洗车库门,通过平交道口时一度停车,司机必须鸣笛警示。

2. 洗车作业组织方式

洗车作业按组织方式分为:正线回场列车洗车作业和场内列车洗车作业。

(1)正线回场列车洗车作业时,列车凭 DCC 值班员指令由出(入)段线直接运行至牵出线。

(2)场内列车洗车作业时,列车凭 DCC 值班员指令经牵出线换端后运行至洗车牵出线。

3. 洗车作业方式

洗车作业方式分为两种:侧洗和端洗。

(1)侧洗是只进行列车侧身清洗,洗车期间只在切换弓停车牌对标停车。

(2)端洗是进行列车侧身清洗和头部清洗。洗车期间除了在切换弓停车牌对标停车外,还须分别在前/后端洗停车牌对标停车。

4. 作业程序

(1)洗车预备

①市域动车组进入洗车库前,须在洗车库预备位停车牌前一度停车,如图 1-4-109 所示。

②确认弓位正确,前弓降后弓升,刮雨器打至关闭位,列车模式打至洗车,司机与洗车机操作人员联系,如图 1-4-110 所示。

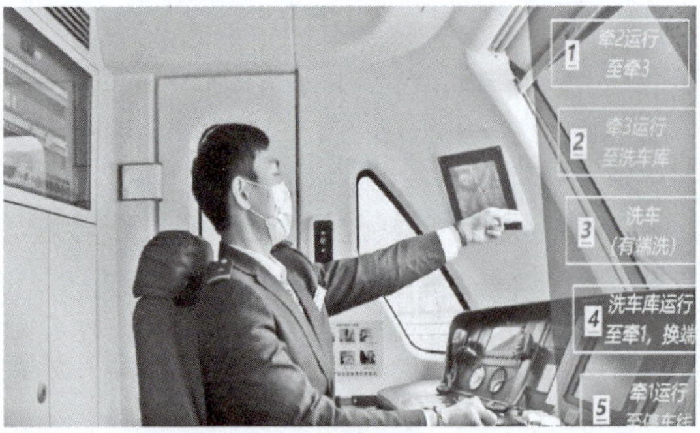

（a）一度停车

（b）预备位停车牌

图 1-4-109　洗车预备 1

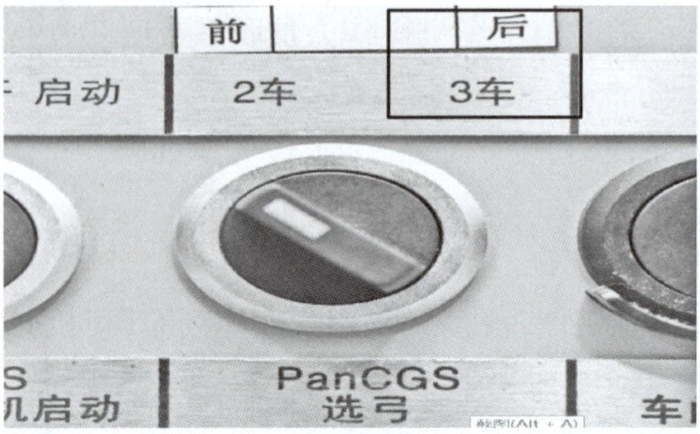

（a）选号

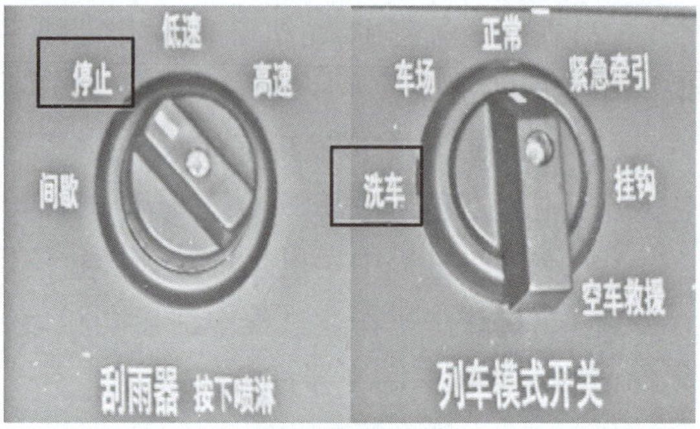

（b）刮雨器和列车模式开关

图 1-4-110　洗车预备 2

③确认洗车库入库信号机显示绿灯，限速 3 km/h 鸣笛动车，如图 1-4-111 所示。

（a）手指确认信号机

（b）信号机显示绿灯

图 1-4-111　洗车预备 3

（2）前端洗

①市域动车组运行至前端洗停车牌对标停车。此时前端洗信号机显示红灯同时前端洗到位蜂鸣器报警，如图 1-4-112 所示。

②前端洗结束后，信号机显示绿灯，与洗车机操作人员联控，司机凭信号显示继续洗车，如图 1-4-113 所示。

（a）手指确认对标停车

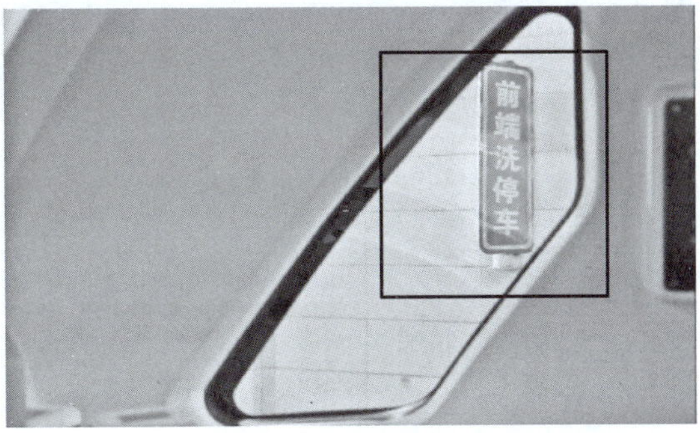

（b）前端洗停车牌

图 1-4-112　前端洗 1

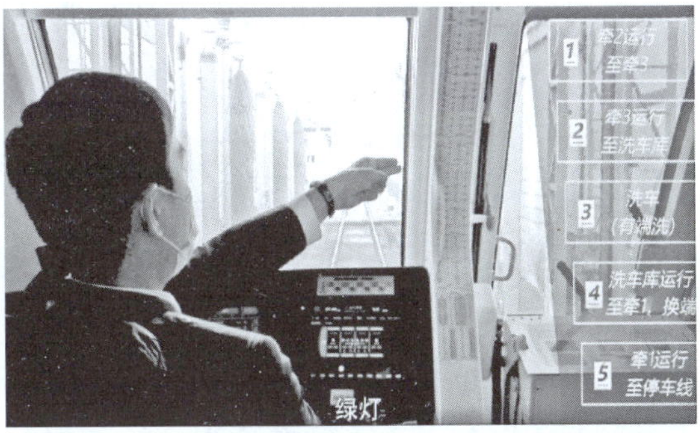

（a）手指确认信号机

（b）信号机显示绿灯

图 1-4-113　前端洗 2

（3）换弓

列车运行至切换弓停车牌对标停车，与洗车机操作人员联控后执行换弓作业，换至前弓升后弓降。换弓完毕凭洗车机操作人员指令继续动车，如图 1-4-114 所示。

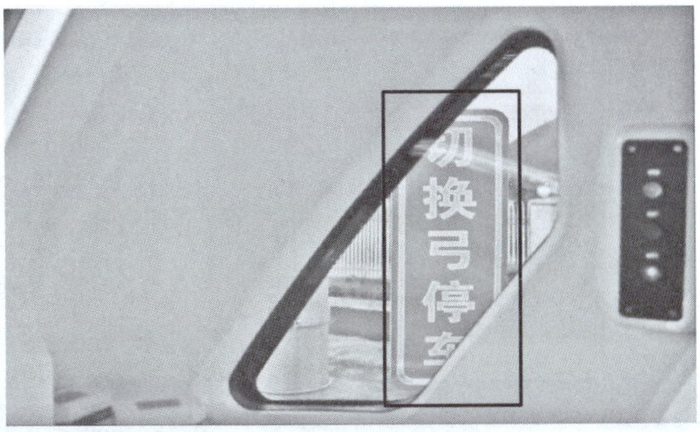

（a）切换弓停车牌

（b）与洗车机操作人员联控

图 1-4-114　前端洗 3

（c）执行换弓作业

（d）手指确认换弓完毕

图 1-4-114　前端洗 3（续）

（4）后端洗

市域动车组运行至后端洗停车牌对标停车。后端洗结束后，与洗车机操作人员联控，司机继续洗车，如图 1-4-115 所示。

（a）后端洗停车牌

（b）对标停车

图 1-4-115　后端洗

（5）清洗完毕

①列车运行至清洗结束牌处停车，司机与洗车机操作人员联系，如图 1-4-116 所示。

（a）清洗结束牌

（b）对标停车

图 1-4-116　清洗完毕 1

②联控完毕将洗车模式恢复正常位，确认进路安全，鸣笛动车。继续驾驶列车至牵出线

尾部出岔处停车，换端后汇报 DCC 值班员，如图 1-4-117 所示。

（a）手指确认进路安全

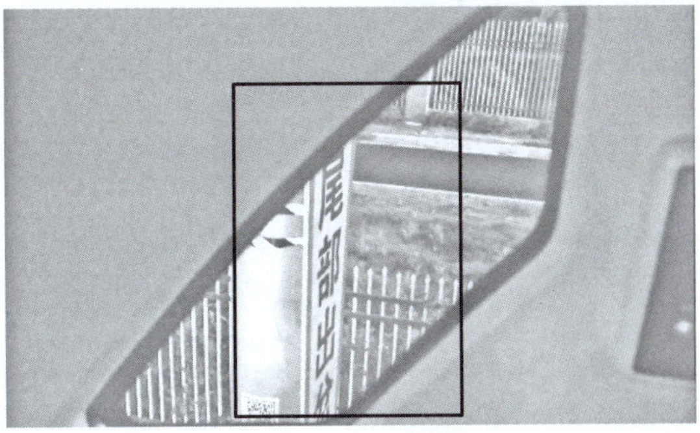

（b）尾部出岔

图 1-4-117　清洗完毕 2

本节小结

本节介绍市域动车组司机在车辆段内的运行、调车作业、洗车作业流程，其中的内容都是市域动车组司机应该熟练掌握的知识和技能，需要在以后的工作中不断强化练习。

巩固练习

1. 严格按照车辆转轨调车单的调车步骤执行，执行“＿＿＿＿＿＿＿＿＿＿”作业标准。

2. 在洗车作业时，列车在洗车线上必须采用“＿＿＿＿＿＿”模式。

3. 端洗是进行列车＿＿＿＿＿＿和＿＿＿＿＿＿清洗。洗车期间除了在切换弓停车牌对标停车外，还须分别在＿＿＿＿＿＿对标停车。

第二篇
故障处理实操技能

案例导学

小林司机已经勤奋地学习完了市域动车组司机的基础知识和标准化作业程序，他现在已经成竹在胸。但是，实际操作中总会遇到一些意料之外的情况。如果列车在途中遇到了列车故障的紧急情况，该怎么办呢?

这种紧急情况谁都不希望发生，但万一发生了，作为司机，他必须得稳住心态，冷静应对。

下面为小林司机准备了一场故障处理实操技能培训。这将是他展现自己的时候，也是他突破自我、提升技能的重要时刻。

学习目标

(1)掌握市域动车组列车故障处理的基本原则。

(2)掌握市域动车组列车各个系统故障的现象及处理方法，针对不同故障的基本技巧，能够准确判断故障原因并操作解决，保证列车安全正点运行。

(3)掌握列车牵引系统故障、制动系统故障、车门系统故障、辅助系统故障、信号系统故障等内容的处理方法。

第一章

故障处理原则

（1）发生故障时司机查看三灯、两屏、一柜（即停放制动施加/缓解灯、制动施加缓解灯、门全关灯、TOD屏、HMI屏、电气柜）确认列车状态，第一时间向行车调度员汇报故障现象，根据故障信息进行相应的故障处理，必要时申请检修、调度技术支援。

（2）各断路器复位后，若立即断开，不允许再进行复位操作；断路器断开15 s后，才允许闭合断路器；操作按钮保持3 s及以上。

（3）司机操作转换NRM、旁路开关、紧急牵引处理过程不须汇报行车调度员。故障处理完毕后动车前必须汇报行车调度员（如驾驶模式、断路器操作情况），按行车调度员命令执行。

（4）列车运行过程中出现非制动类故障，须维持列车进站处理。牵引/制动类故障如须点动试验（列车启动立即拉停），司机可自行操作并查看牵引数值/制动压力。

第二章

牵引系统故障

视频

列车无法牵引

列车无法牵引时，处置步骤：

1. 第一步

（1）ATO 模式下无法动车，立即转 ATP＋模式尝试动车，如图 2-2-1 所示。

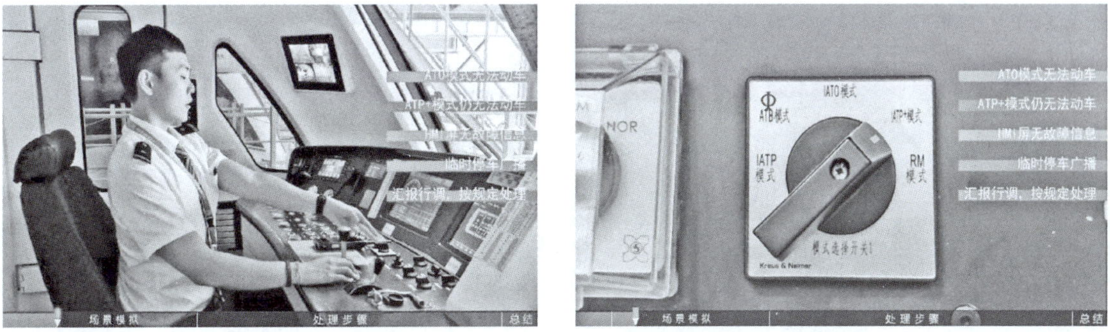

（a）手指模式选择开关1　　（b）转ATP+模式

图 2-2-1　列车无法牵引处置第一步 1

（2）查看 HMI 屏故障提示，按故障提示处理，如图 2-2-2 所示。

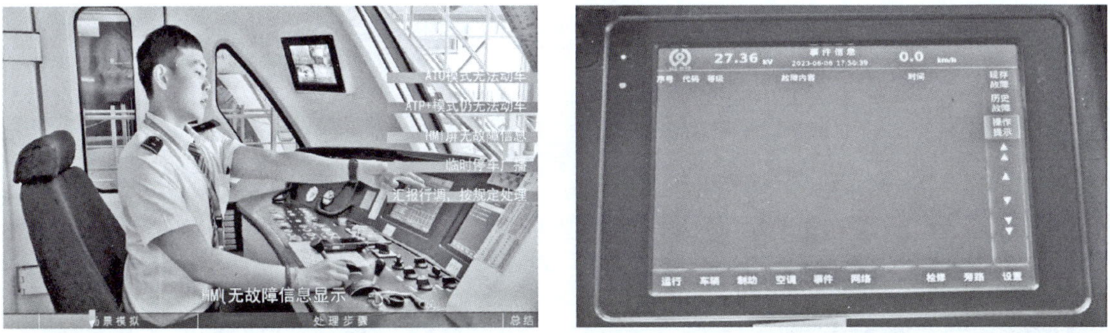

（a）手指HMI屏确认故障信息　　（b）HMI屏

图 2-2-2　列车无法牵引处置第一步 2

2. 第二步

（1）查看网压表和 HMI 屏网压显示，确认网压是否正常，如图 2-2-3 所示。

（2）查看主断路器 VCB 是否闭合。电气柜内确认 MCN4 断路器是否闭合，如图 2-2-4 所示。

（a）网压表

（b）手指确认网压情况

图 2-2-3　列车无法牵引处置第二步 1

（a）手指确认主断路器VCB状态

（b）手指确认MCN4断路器状态

图 2-2-4　列车无法牵引处置第二步 2

3. 第三步

查看司机台上门全关指示灯，若未点亮，按照车门故障进行处理，如图 2-2-5 所示。

（a）手指确认门全关指示灯状态1

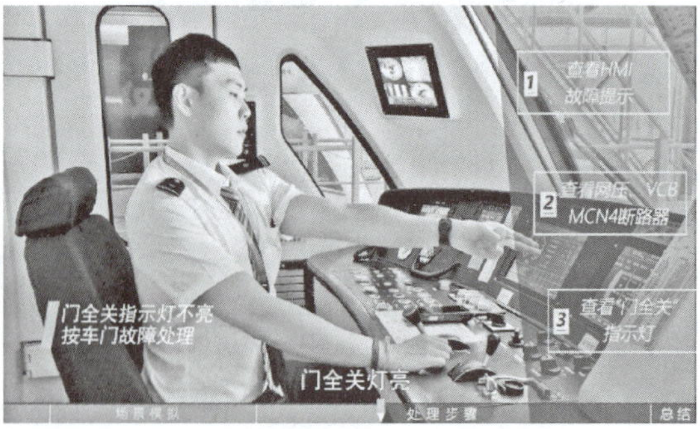

（b）手指确认门全关指示灯状态2

图 2-2-5　列车无法牵引处置第三步

4. 第四步

查看停放制动缓解指示灯，未点亮，按照停放制动未缓解进行处理，如图 2-2-6 所示。

（a）手指确认停放制动缓解指示灯状态

（b）停放制动缓解指示灯

图 2-2-6　列车无法牵引处置第四步

5. 第五步

（1）转 NRM 模式，将主控手柄置于牵引位（全牵引），尝试点动，如图 2-2-7 所示。

（a）转 NRM 模式

（b）主控手柄置于牵引位

图 2-2-7　列车无法牵引处置第五步 1

（2）查看 HMI 屏制动界面及制动施加/缓解指示灯，如图 2-2-8 所示。

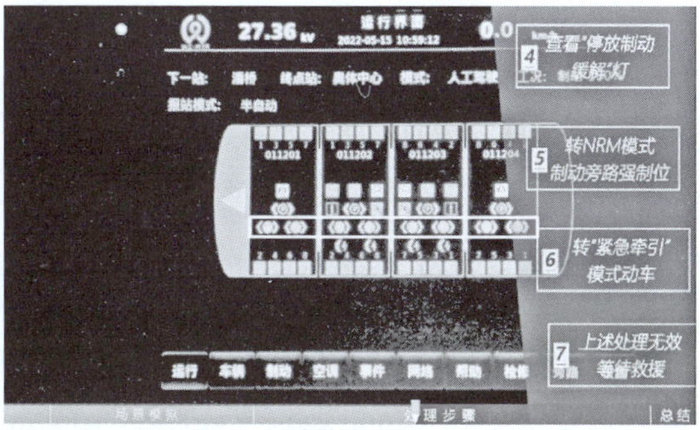

（a）HMI屏

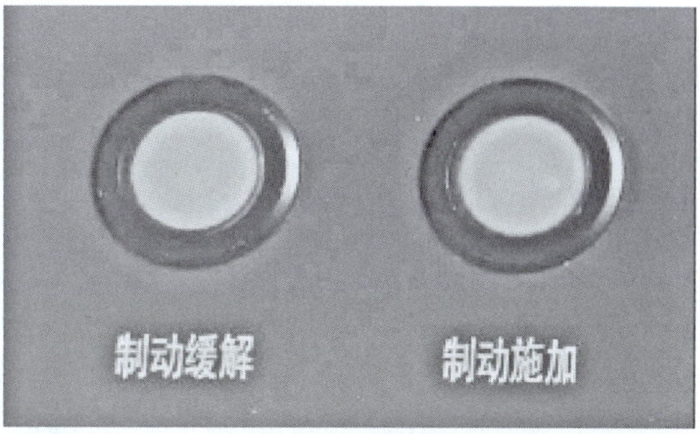

（b）制动施加/缓解指示灯

图 2-2-8　列车无法牵引处置第五步 2

①若制动施加指示灯常亮，同时 HMI 屏空气制动图标显示未缓解，按制动系统故障处理。

②若制动施加指示灯常亮，同时 HMI 屏空气制动图标显示已缓解，将常用制动施加旁路打到强制位，尝试动车。

6. 第六步

操作司机台面上列车模式开关至紧急牵引模式尝试动车,如图 2-2-9 所示。

（a）操作列车模式开关

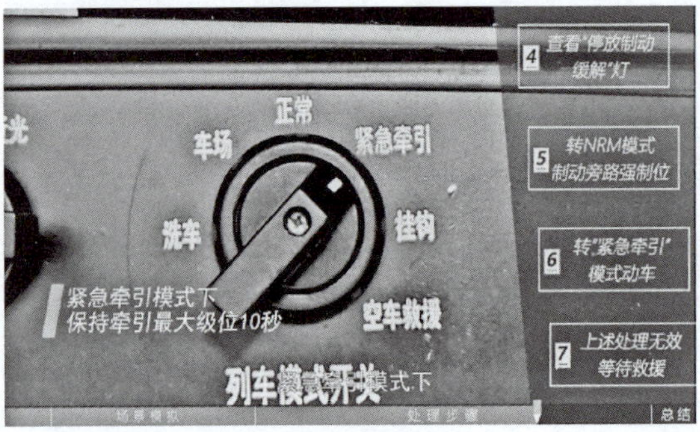

（b）列车模式开关

图 2-2-9 列车无法牵引处置第六步

7. 第七步

列车仍无法牵引,等待救援。

第三章

制动系统故障

一、制动图标显示的含义(见图 2-3-1)

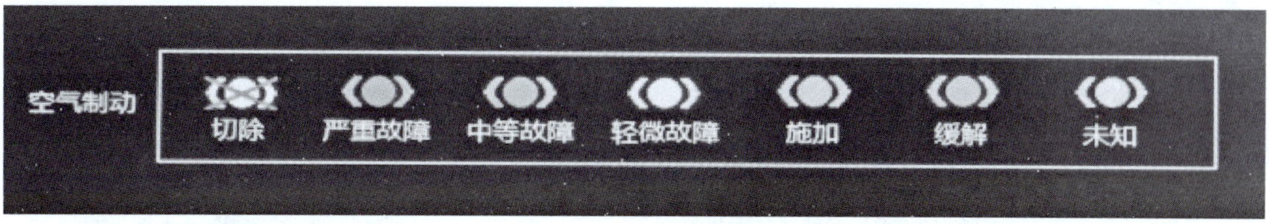

图 2-3-1　制动图标

二、相关按钮、扳键说明(见表 2-3-1)

表 2-3-1　相关按钮、扳键

序号	按钮名称	功能描述	外形图
1	停放制动施加/缓解按钮	按下按钮后指示灯亮,列车停放制动施加/缓解	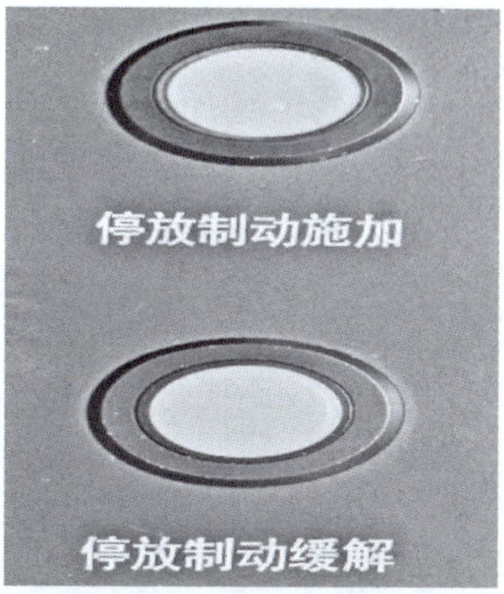
2	紧急制动按钮	按下后指示灯亮,列车施加紧急制动	

续表

序号	按钮名称	功能描述	外形图
3	主控手柄	主控手柄有牵引、惰行(零位)、制动、快速制动四种工况	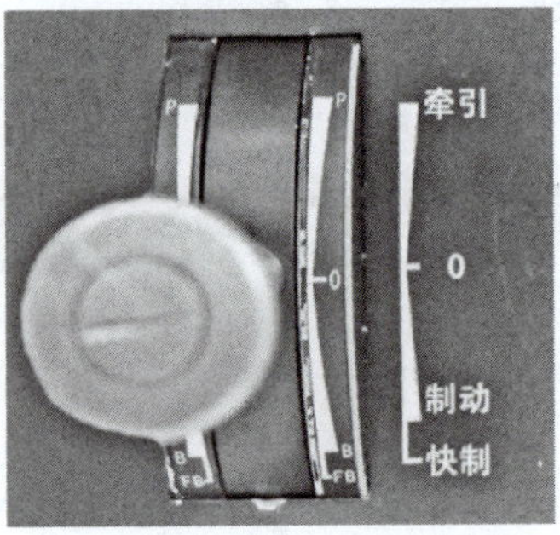
4	B22&B23	转向架气制动隔离塞门,发生制动故障时用于隔离故障转向架的空气制动,隔离时须将开关打至垂直位,操作时伴随较大排气声	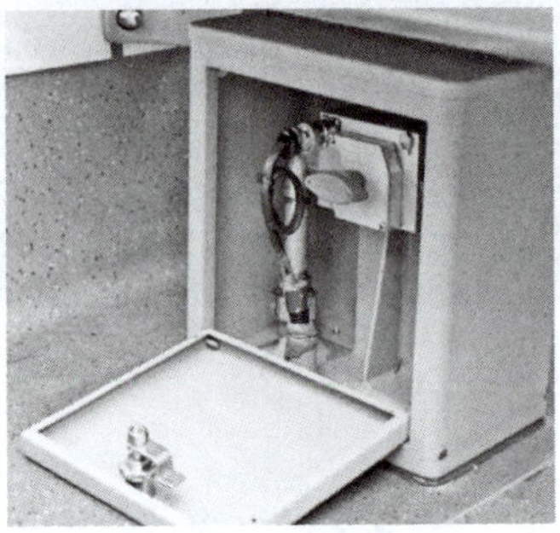
5	MCN5	控制紧急制动回路和回送回路供电,断开后触发紧急制动	
6	EBSS	紧急制动触发条件隔离开关,将其置于强制位,旁路警惕按钮、145 km/h 超速和列车完整性丢失触发紧急制动	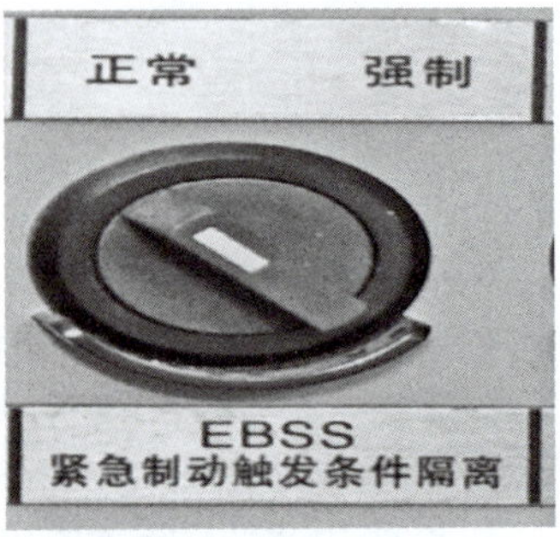

续表

序号	按钮名称	功能描述	外形图
7	ESS	紧急制动旁路开关，将其置于强制位，旁路紧急制动按钮、总风低压和停放制动触发紧急制动	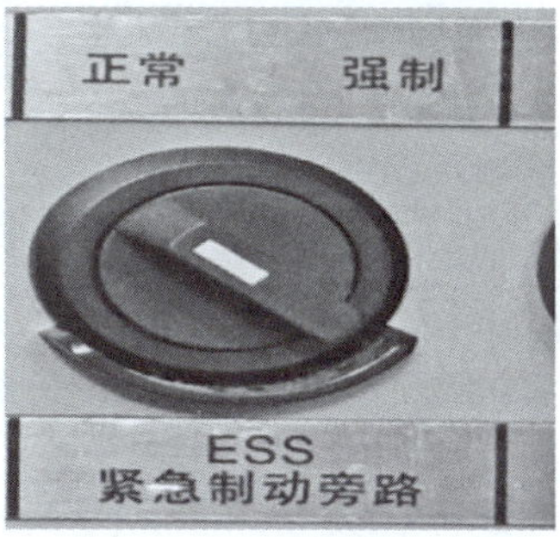
8	强迫缓解按钮	制动无法缓解时，按此按钮强迫缓解制动力	

三、紧急制动无法缓解处置

视频 紧急制动无法缓解

1. 第一步

查看 HMI 屏和 TOD 屏的紧急制动提示，若为信号触发的紧急制动按照信号系统故障处理，并查看电气柜内 MCN5 断路器，若 MCN5 断开则闭合，如图 2-3-2 所示。

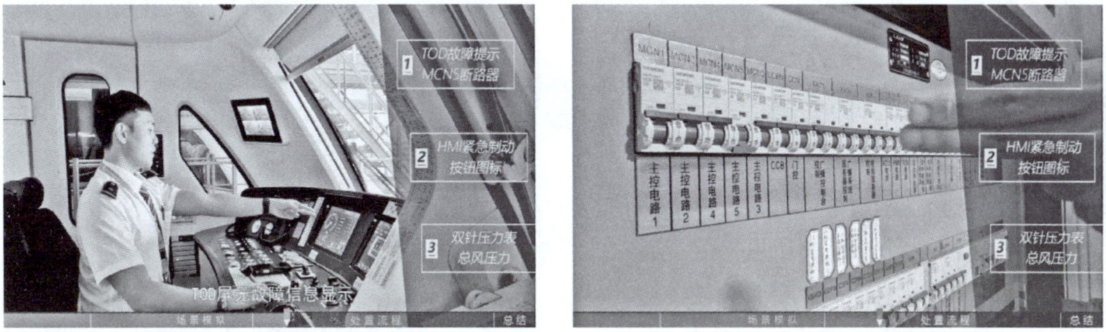

（a）手指确认HMI屏和TOD屏信息　　（b）手指确认MCN5断路器状态

图 2-3-2　紧急制动无法缓解处置第一步

2. 第二步

检查 HMI 屏是否有紧急制动图标，有则恢复被按下的紧急制动按钮，将主控手柄置于快制位，缓解紧急制动，恢复紧急制动按钮；若 HMI 屏无紧急制动图标，直接将主控手柄置于快制位，尝试缓解紧急制动，如图 2-3-3 所示。

（a）手指确认HMI屏信息

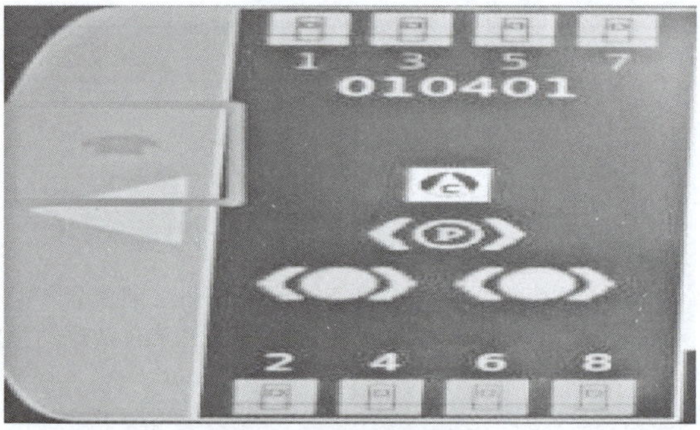

（b）紧急制动图标

（c）紧急制动按钮

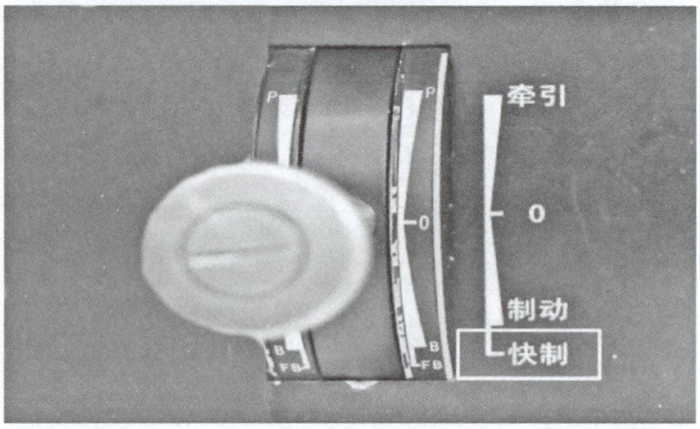

（d）主控手柄置于快制位

图 2-3-3　紧急制动无法缓解处置第二步

视频

空压机故障

3. 第三步

检查司机室双针压力表，若总风压力 <6.0 bar(1 bar = 100 kPa)，确认空压机是否启动，如未启动，按空压机故障处理，如图 2-3-4 所示。

（a）手指确认总风压力

（b）双针压力表

图 2-3-4　紧急制动无法缓解处置第三步

4. 第四步

转 NRM 模式，将主控手柄置于快制位，若紧急制动缓解，维持运行。若不能缓解，按后续步骤进行操作，如图 2-3-5 所示。

5. 第五步

（1）在激活端将电器柜 EBSS 打强制位，将主控手柄置于快制位，若能缓解，限速 60 km/h 运行，如图 2-3-6 所示。

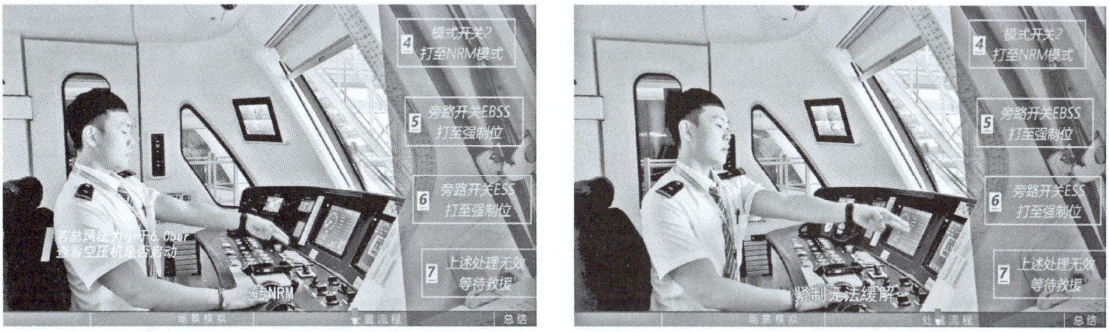

（a）模式开关2打至NRM模式　　　　（b）紧急制动无法缓解

图 2-3-5　紧急制动无法缓解处置第四步

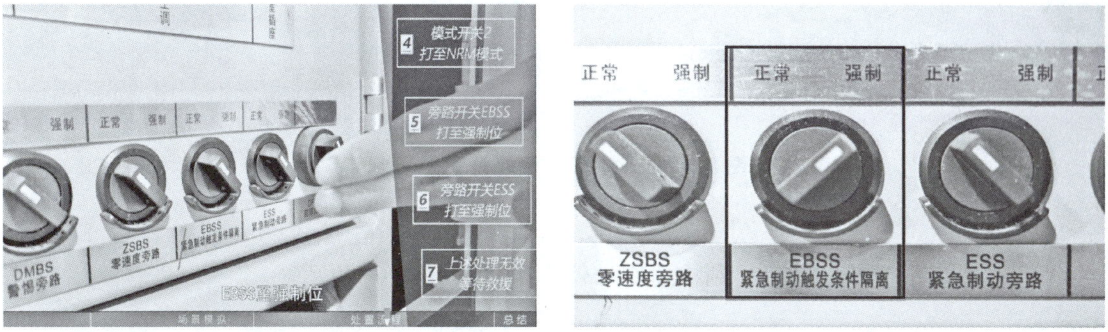

（a）EBSS至强制位　　　　（b）EBSS紧急制动触发条件隔离

图 2-3-6　紧急制动无法缓解处置第五步 1

（2）将 ESS 打强制位，将主控手柄置于快制位，若能缓解，限速 30 km/h 运行，如图 2-3-7 所示。

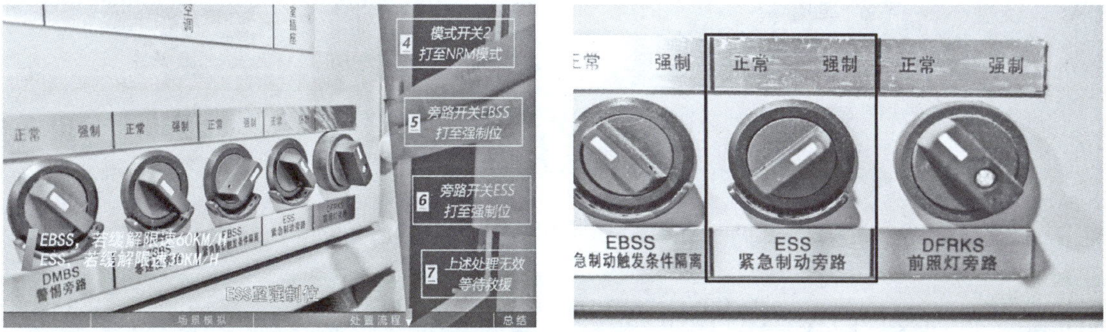

（a）ESS至强制位　　　　（b）ESS紧急制动旁路

图 2-3-7　紧急制动无法缓解处置第五步 2

6. 第六步

若紧急制动缓解后无法动车，按列车无法牵引执行。

7. 第七步

若紧急制动仍无法缓解，等待救援。

四、制动无法缓解处置

视频

制动无法缓解

1. 第一步

操作紧急制动按钮紧急停车，待车辆停稳后，转手动驾驶模式，如图 2-3-8 所示。

（a）操作紧急制动按钮

（b）转手动驾驶模式

图 2-3-8　制动无法缓解处置第一步

2. 第二步

（1）将主控手柄从惰行位打到快速制动位 2 次，如图 2-3-9 所示。

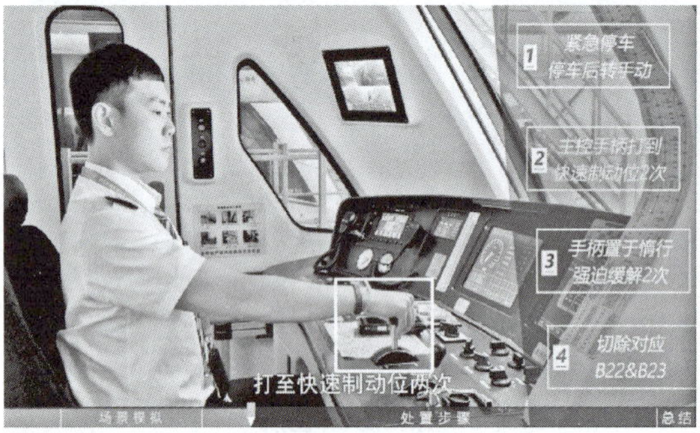

（a）主控手柄惰行位

（b）主控手柄快速制动位

图 2-3-9　制动无法缓解处置第二步 1

（2）在主控手柄置于惰行位时查看空气制动图标是否缓解，如图 2-3-10 所示。

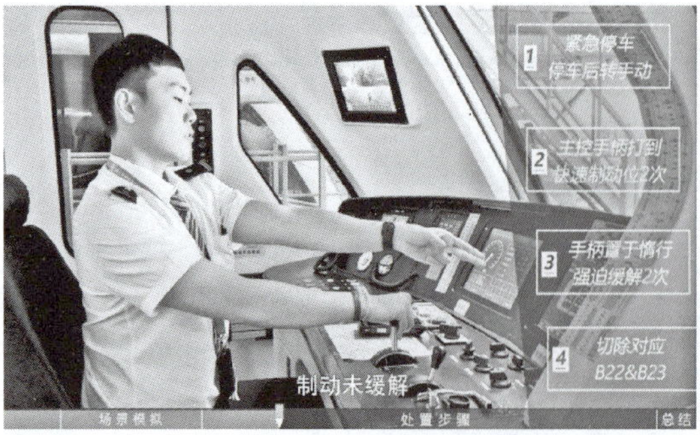

（a）手指确认空气制动图标

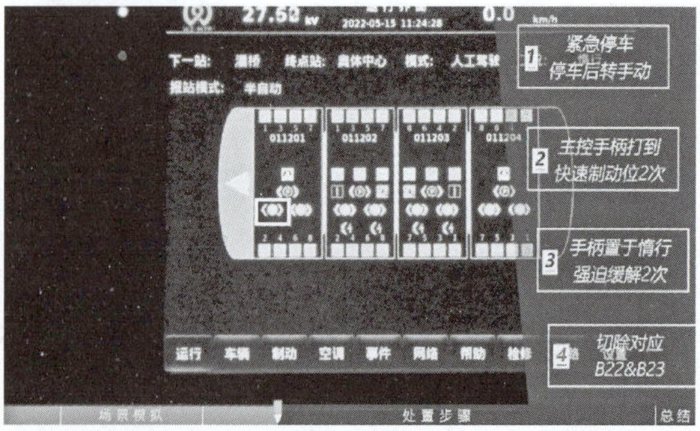

（b）HMI屏

图 2-3-10　制动无法缓解处置第二步 2

3. 第三步

(1)空气制动图标未缓解,主控手柄置于惰行位,按压强迫缓解按钮 2 次,如图 2-3-11 所示。

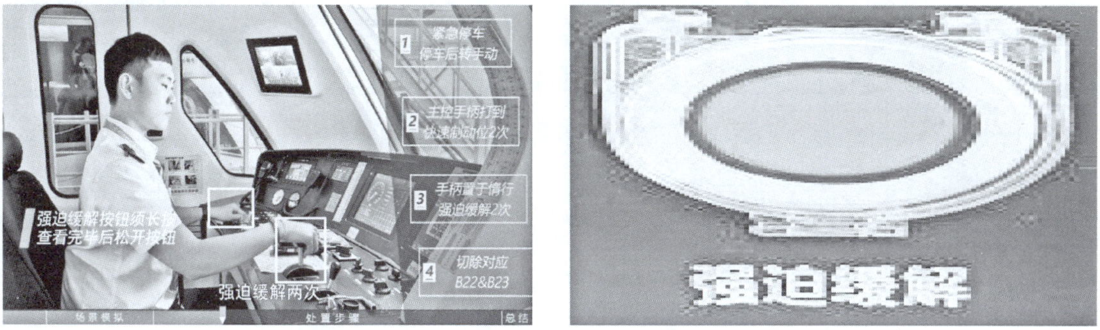

（a）主控手柄置于惰行位　　（b）强迫缓解按钮

图 2-3-11　制动无法缓解处置第三步 1

(2)查看空气制动图标是否缓解,如图 2-3-12 所示。

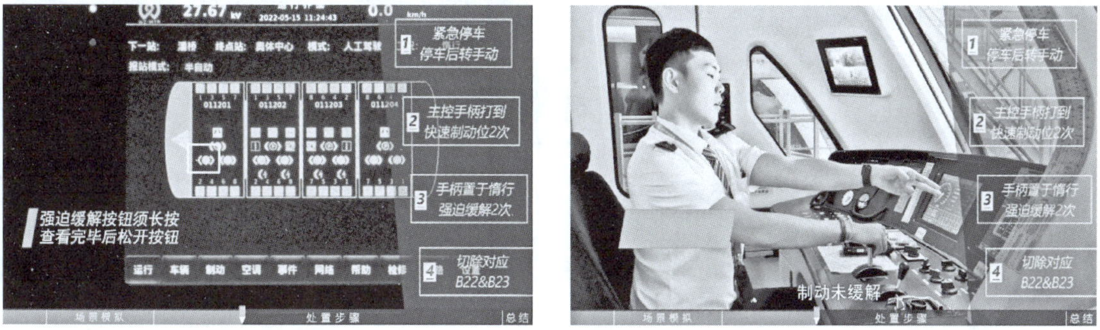

（a）HMI屏　　（b）手指确认空气制动图标

图 2-3-12　制动无法缓解处置第三步 2

4. 第四步

(1)空气制动图标未缓解,汇报行车调度员申请去客室切除故障的 B22 或 B23,并做好临时停车广播,如图 2-3-13 所示。

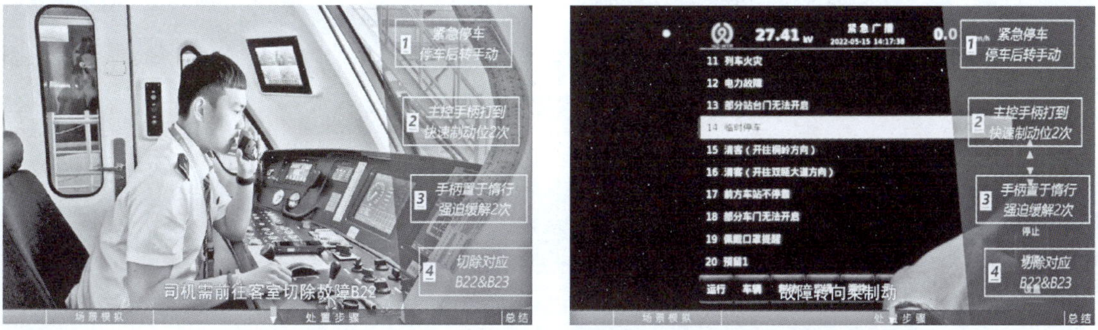

（a）向行车调度员汇报　　（b）进行临时停车广播

图 2-3-13　制动无法缓解处置第四步 1

（2）带好备品，到达客室故障的 B22 或 B23 处，打开盖板，将把手转至垂直位，如图 2-3-14 所示。

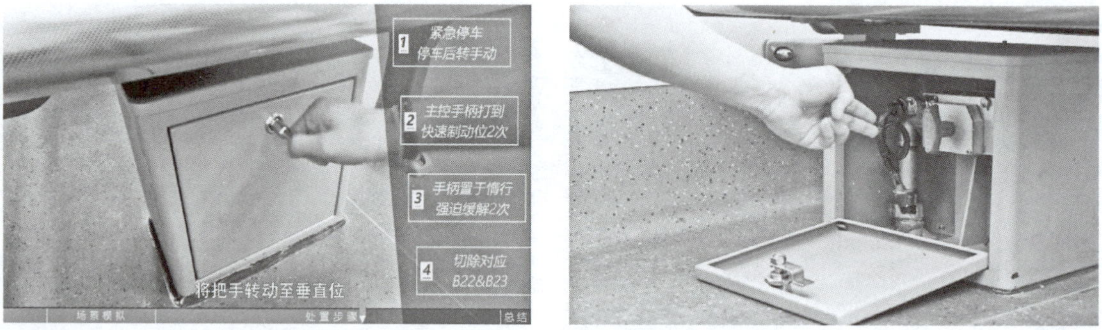

（a）到达客室故障处　　（b）操作把手

图 2-3-14　制动无法缓解处置第四步 2

（3）操作完毕，返回司机室，在 HMI 屏上确认故障制动已切除，如图 2-3-15 所示。

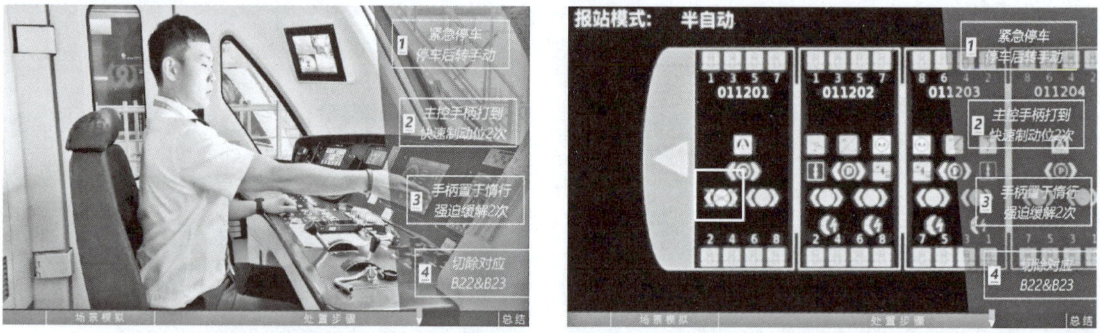

（a）手指确认故障制动已切除　　（b）HMI屏

图 2-3-15　制动无法缓解处置第四步 3

（4）关闭广播，汇报行车调度员。按行车调度员命令动车，如图 2-3-16 所示。

（a）关闭广播　　（b）向行车调度员汇报

图 2-3-16　制动无法缓解处置第四步 4

第四章

车门系统故障

一、客室车门操作

1. HMI 屏车门显示含义（见图 2-4-1）

图 2-4-1　HMI 屏车门显示含义

2. 司机室内与车门有关的旋钮说明（见表 2-4-1）

表 2-4-1　司机室内与车门有关的旋钮说明

序号	旋钮名称	功能描述	图　　片
1	门全关旁路（DIRS）	当车门牵引联锁回路无法建立时，操作门全关旁路至强制位，可牵引车辆	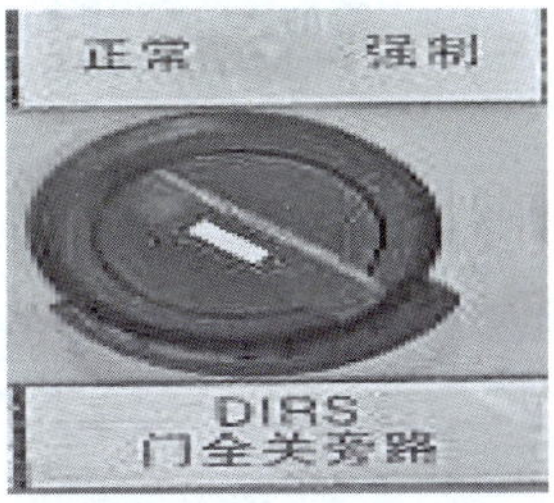
2	零速度旁路（ZSBS）	当 BCU 无法正常给出零速信号时，操作零速度旁路至强制位，给车门发出零速信号	
3	车门压紧试验（DTS）	车门压紧试验，操作 DTS 至强制位，静态模拟给车门发出“大于 10 km/h”信号，使车门辅助锁压紧，可保证列车气密性	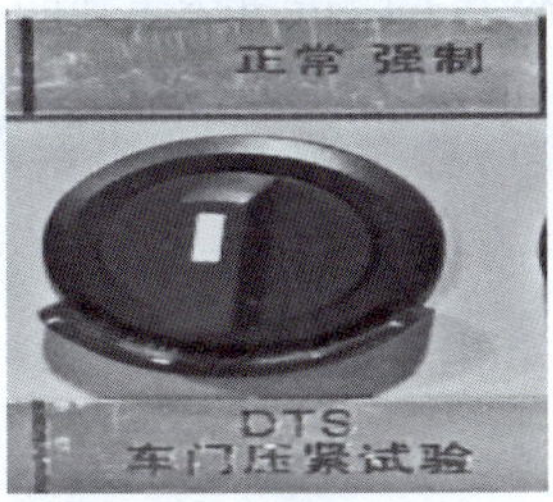

续表

序号	按钮名称	功能描述	图　片
4	车门隔离锁	车门故障时用于隔离车门	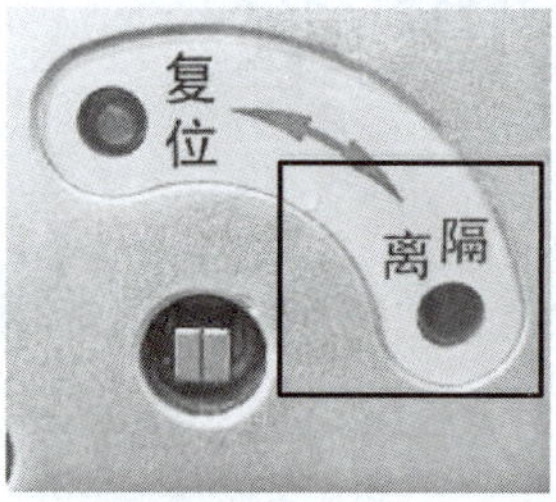

二、开关门操作

侧墙及操纵台开关门按钮如图 2-4-2 所示。

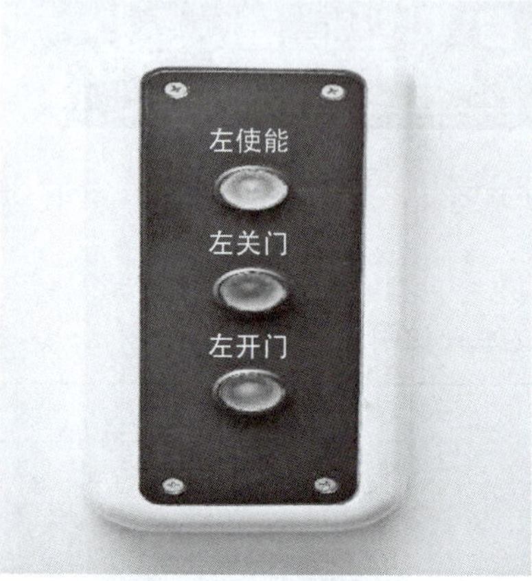

（a）门使能、开门、关门按钮（侧墙）

（b）开门、关门按钮（操纵台）

图 2-4-2　侧墙及操纵台开关门按钮

1. 开门操作

（1）有信号控车时，信号系统发出门使能信号后，司机室侧墙上的开门按钮灯会点亮，司机操作点亮的开门按钮按压到底并保持 2 s 以上，车门打开。

（2）无信号控车时，司机首先确认开门侧，操作门旁路开关至 DBY 位，然后走到相应侧，操作侧墙上的使能按钮点亮开门按钮，再按下开门按钮，保持使能按钮和开门按钮同时按压到底并保持 2 s 以上，车门打开。

2. 关门操作

按下关门按钮按压到底并保持 2 s 以上，车门关闭。

三、客室紧急解锁装置

（1）紧急情况下，拧断客室侧墙上紧急解锁装置盖板下部铅封，打开盖板，如图 2-4-3 所示。

（2）通过顺时针转动紧急解锁手柄（见图 2-4-4）来操作门系统的内部紧急解锁装置。

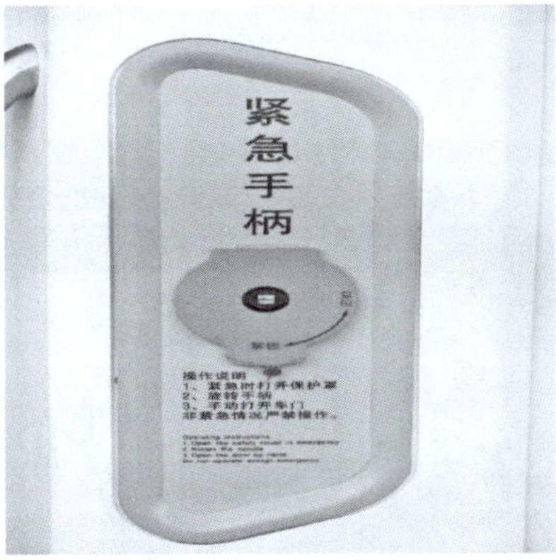

图 2-4-3　紧急解锁盖板

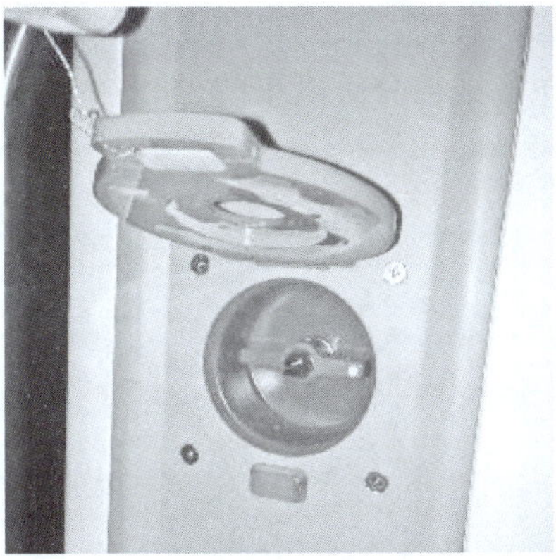

图 2-4-4　紧急解锁手柄

(3)当车速为零时,车门可以通过手动打开。

(4)复位后,蜂鸣器停止报警,HMI 屏相应车门紧急解锁状态解除。

视频

单个车门故障

四、单个车门无法打开处置

(1)查看 HMI 屏确认车门位置,如图 2-4-5 所示。

(a)手指确认车门位置

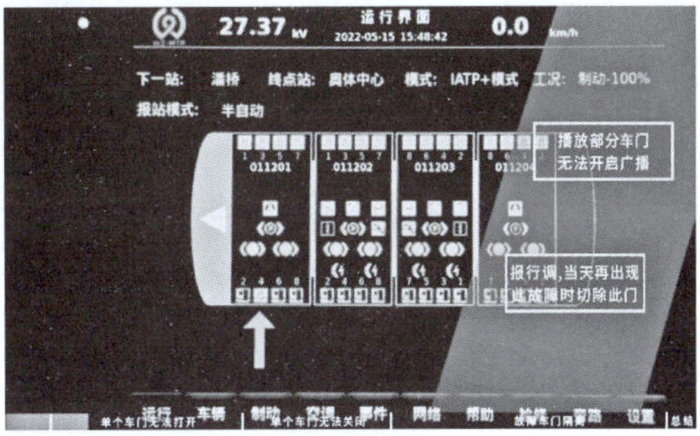

(b)HMI屏

图 2-4-5　单个车门无法打开处置第一步

(2)司机做好乘客广播,播放部分车门无法开启广播,如图 2-4-6 所示。

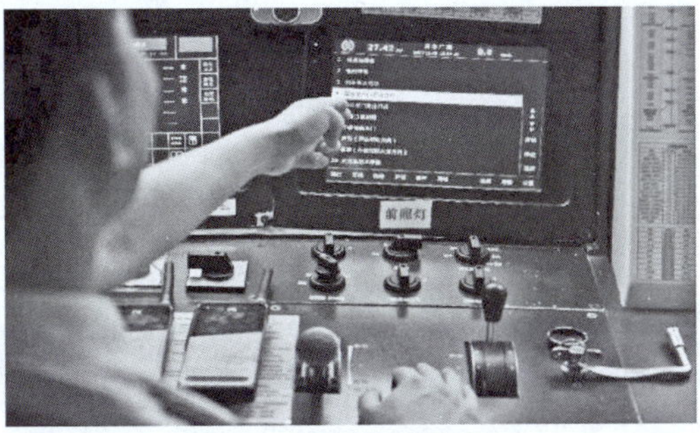

(a)手指确认广播内容

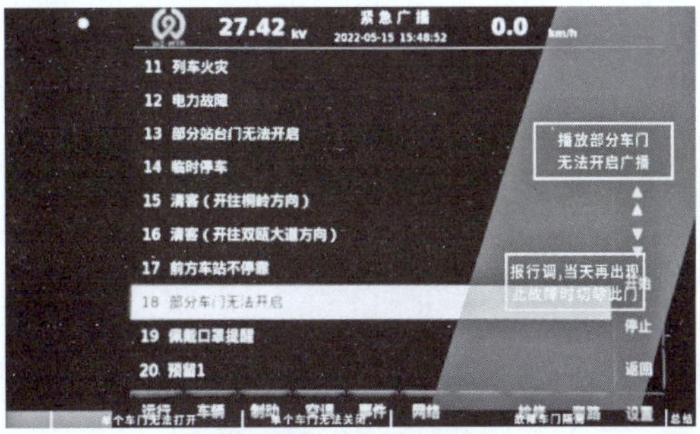

(b)播放部分车门无法开启广播

图 2-4-6　单个车门无法打开处置第二步

(3)若无法打开,正常关门作业后通过 HMI 屏观察车门图标显示关闭,门全关闭指示灯正常亮起，继续运营，报行车调度员。若当天故障门再次发生此故障或车门图标显示异常马上隔离此单个或部分故障车门，如图 2-4-7 所示。

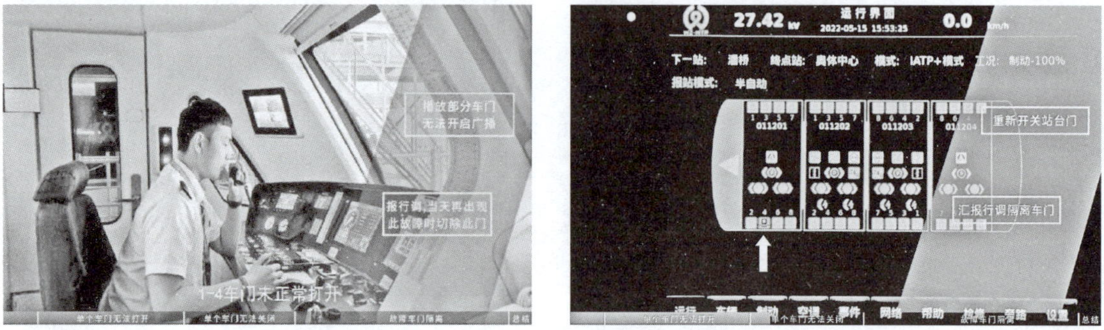

（a）向行车调度员汇报　　（b）HMI屏

图 2-4-7　单个车门无法打开处置第三步

五、单个车门无法关闭处置

（1）手指 HMI 屏确认故障门具体位置，如图 2-4-8 所示。

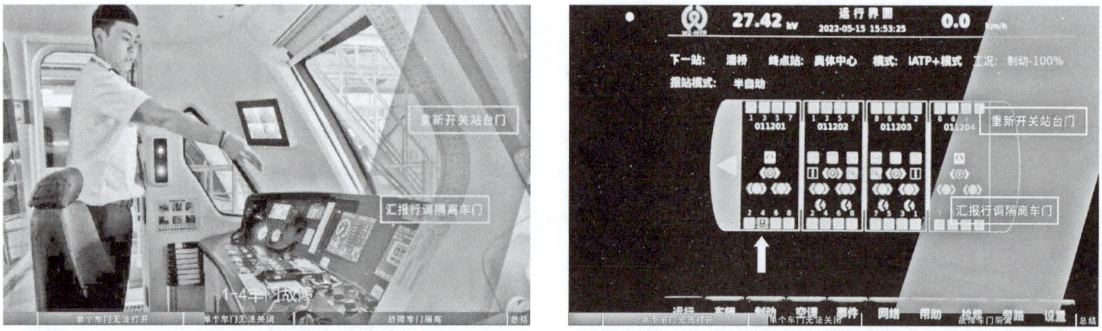

（a）手指确认故障门具体位置　　（b）HMI屏

图 2-4-8　单个车门无法关闭处置第一步

（2）将列车门模式开关打至 MDO/MDC（简称 MM）位，按压司机室侧墙开/关门按钮，重新打开、关闭车门。若正常关闭，门全关指示灯亮，继续运营，如图 2-4-9 所示。

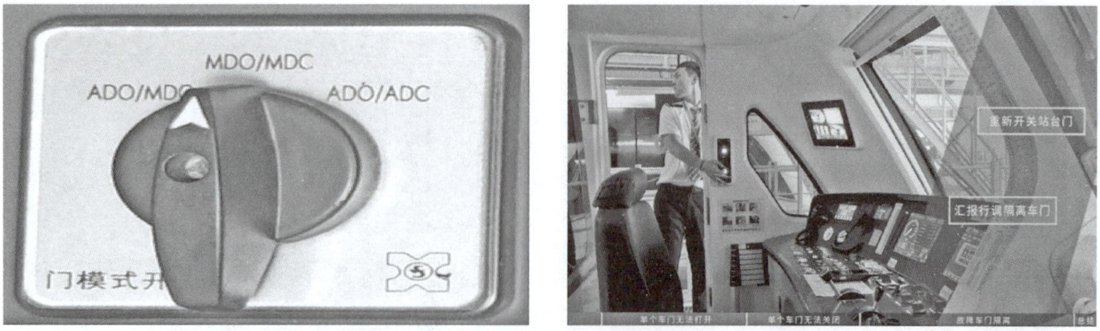

（a）门模式开关打至MM位　　（b）按压司机室侧墙开/关门按钮

图 2-4-9　单个车门无法关闭处置第二步

（3）重新关门后，HMI 屏车门图标显示异常，打开站台门、车门，报行车调度员，申请隔离此单个故障车门，如图 2-4-10 所示。

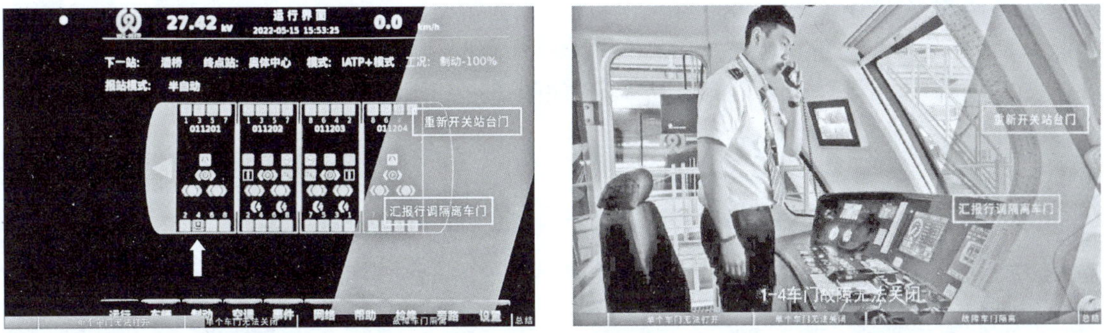

（a）HMI车门图标显示异常　　（b）向行车调度员汇报

图 2-4-10　单个车门无法关闭处置第三步

（4）若车门机械卡死无法关闭，退出服务。转 NRM 模式，操作门全关旁路。进站前限速 50 km/h，进站后限速 30 km/h，限速运行至存车线或终点站，如图 2-4-11 所示。

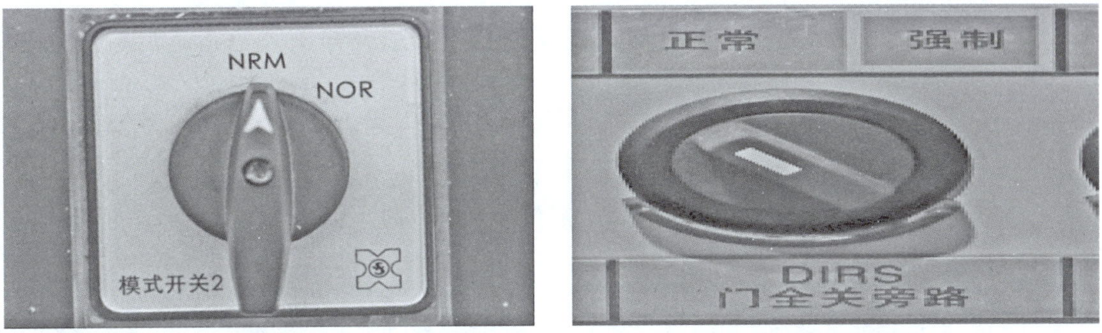

（a）NRM模式　　（b）DIRS门全关旁路

图 2-4-11　单个车门无法关闭处置第四步

六、故障车门隔离处置

1. 第一步

在 HMI 屏上确认故障车门编号，打开整侧站台门、车门，报行车调度员，经行车调度员允许，做好乘客广播、记录车门编号、携带备品前往现场处理，如图 2-4-12 所示。

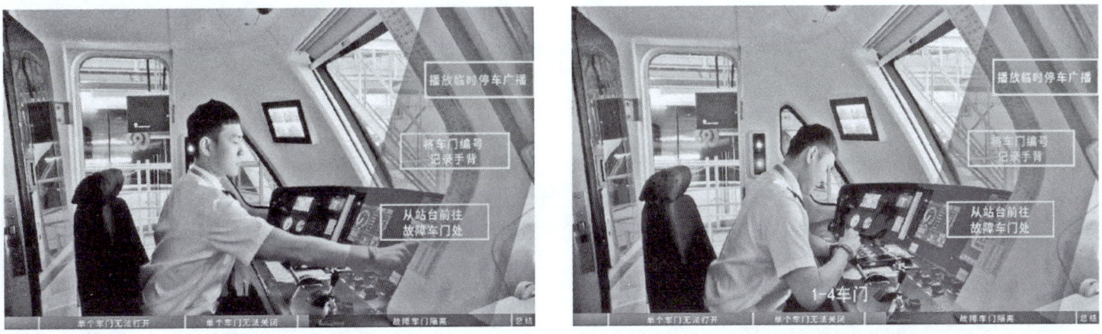

（a）查看HMI屏　　（b）记录故障车门编号

图 2-4-12　故障车门隔离处置第一步

2. 第二步

(1)到达相应车门位置确认故障车门编号,查看门口行程区域、车门与站台屏蔽门之间缝隙、车门与车体四周缝隙是否有异物卡滞,如图 2-4-13 所示。

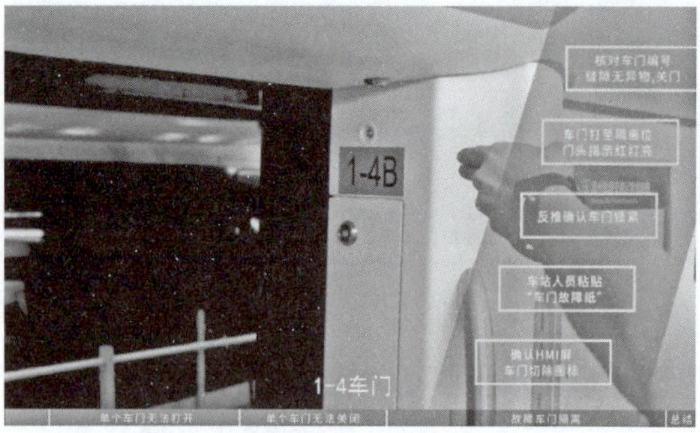

(a)确认故障车门编号

(b)检查周围环境

图 2-4-13 故障车门隔离处置第二步 1

(2)手动关闭车门,关闭车门后确认推车门打不开以及门头黄色指示灯黄灯灭,如图 2-4-14 所示。

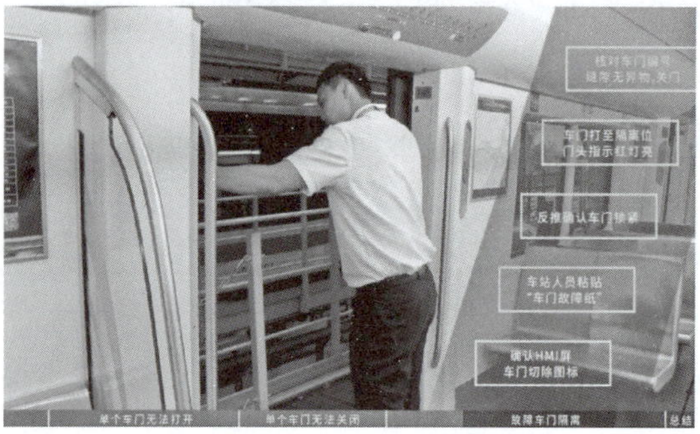
(a)手动关闭车门

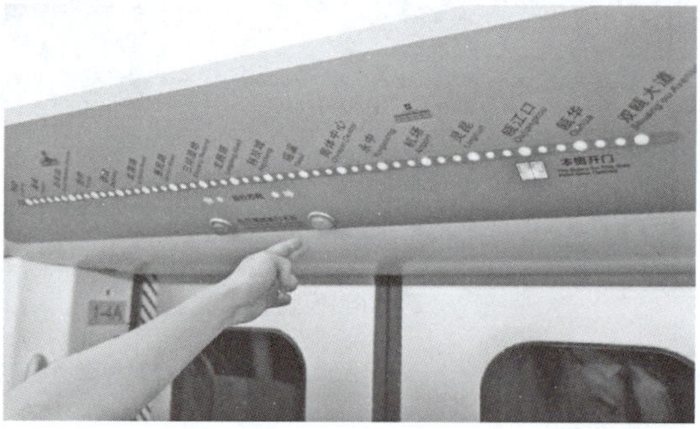
(b)确认车门关闭

图 2-4-14 故障车门隔离处置第二步 2

3. 第三步

(1)使用方孔钥匙将该车门隔离开关打至隔离位,确认车门隔离指示灯红灯亮后按后续步骤操作,如图 2-4-15 所示。

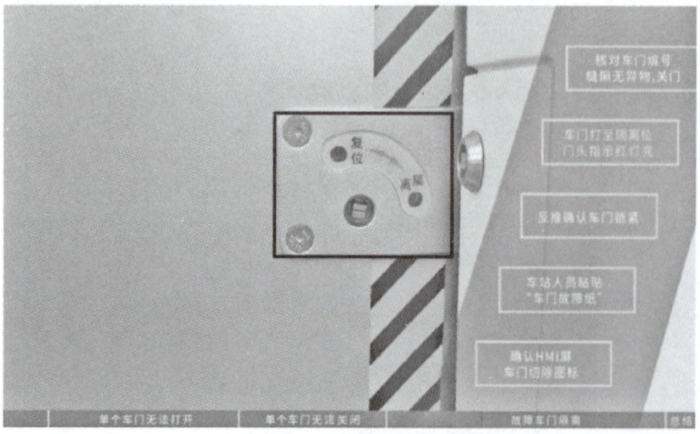
(a)车门隔离开关打至隔离位

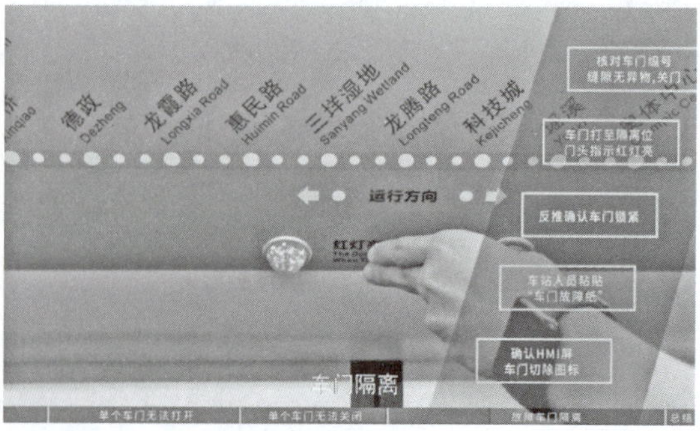

(b)车门隔离指示灯红灯亮

图 2-4-15 故障车门隔离处置第三步 1

(2)若方孔钥匙无法将车门打至隔离位,则须司机再次使用最大力度操作客室车门内、外部隔离锁进行隔离;若均无效,根据行车调度员命令清客下线,如图 2-4-16 所示。

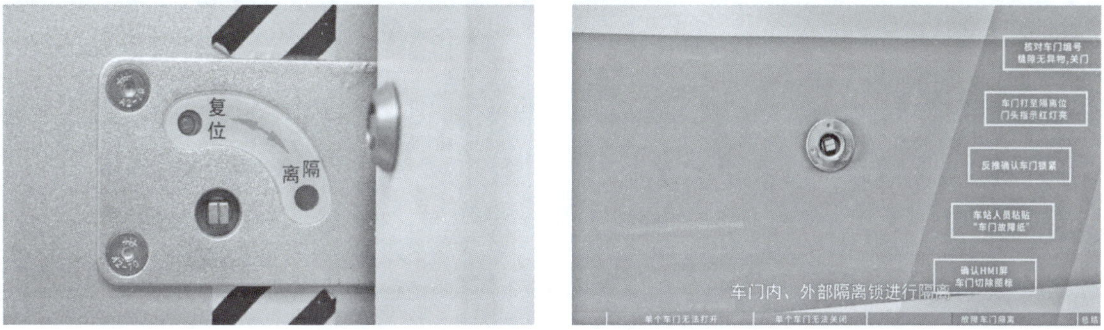

(a)车门隔离开关无法打至隔离位　　(b)操作客室车门内、外部隔离锁进行隔离

图 2-4-16　故障车门隔离处置第三步 2

4. 第四步

隔离车门后,反向试推车门确认车门关到位。由行车调度员通知车站人员前往故障车门处张贴故障纸,如图 2-4-17 所示。

图 2-4-17　故障车门隔离处置第四步

5. 第五步

(1)返回司机室通过 HMI 屏确认故障车门已隔离,如图 2-4-18 所示。

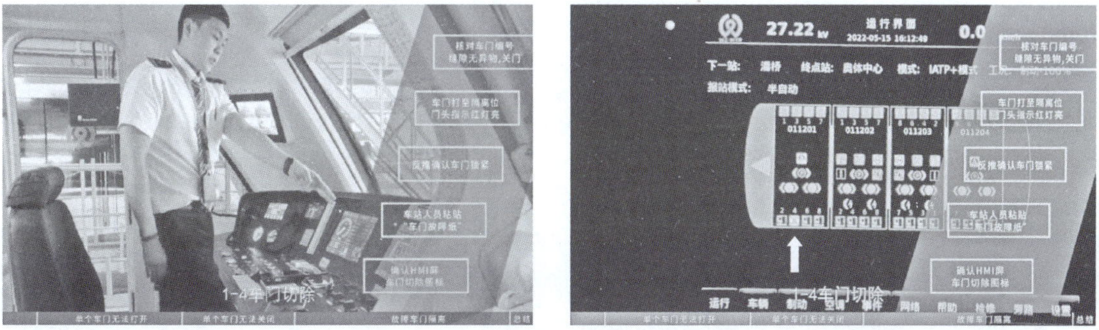

(a)手指确认故障车门已隔离　　(b)HMI屏

图 2-4-18　故障车门隔离处置第五步 1

(2)凭车站好了手信号执行关门作业,报行车调度员后动车,如图 2-4-19 所示。

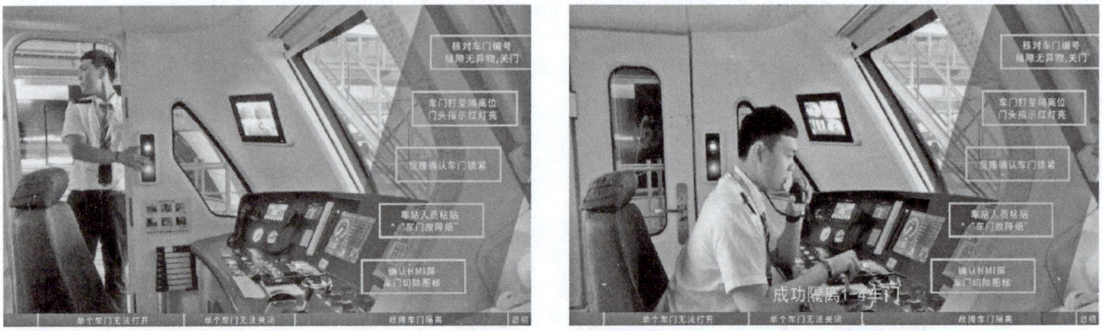

(a)执行关门作业　　　　(b)向行车调度员汇报

图 2-4-19　故障车门隔离处置第五步 2

6. 第六步

若车门机械卡死无法关闭,司机返回司机室汇报行车调度员,根据行车调度员命令清客后操作门关好旁路退出服务。

第五章

辅助系统故障

视频

辅助系统故障

一、辅助逆变器严重故障处置

1. 第一步

(1)在 HMI 屏确认故障信息,汇报行调,如图 2-5-1 所示。

(a)手指确认故障信息

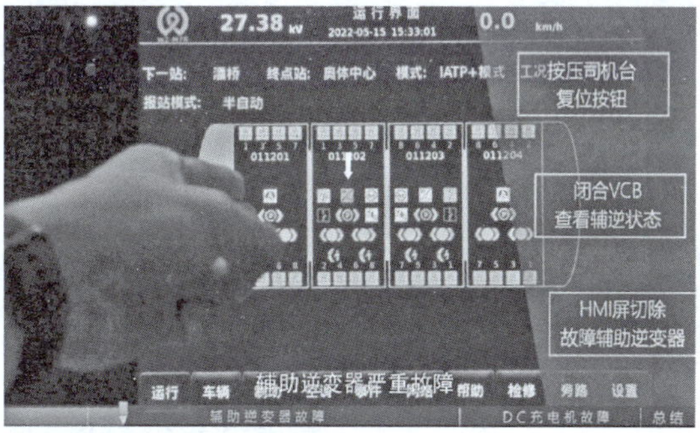

(b)HMI屏

(c)向行车调度员汇报

图 2-5-1　辅助逆变器严重故障处置第一步 1

(2)按下司机台复位按钮,查看 HMI 屏故障显示是否消失,如图 2-5-2 所示。

2. 第二步

若操作复位按钮无效,闭合 VCB 再次查看故障是否消失,如图 2-5-3 所示。

3. 第三步

若一台辅助逆变器故障,通过 HMI 屏的切除设置界面切除故障辅助逆变器,查看 HMI 屏确认故障辅助逆变器已切除,报行车调度员,按行车调度员命令运行至终点退出服务,如图 2-5-4 所示。

（a）操作复位按钮

（b）手指确认故障是否消失

图 2-5-2　辅助逆变器严重故障处置第一步 2

（a）闭合VCB

（b）手指确认故障是否消失

图 2-5-3　辅助逆变器严重故障处置第二步

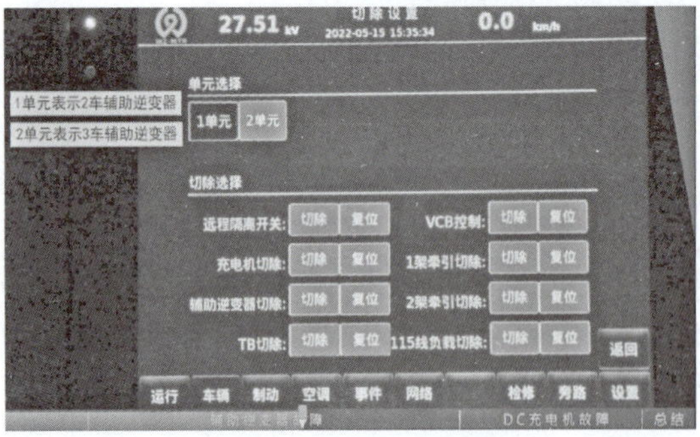

（a）HMI屏切除设置界面

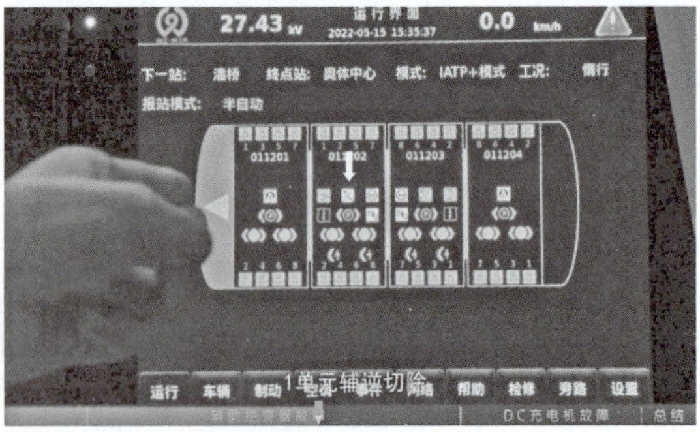

（b）HMI屏运行界面

图 2-5-4　辅助逆变器严重故障处置第三步

4. 第四步

若两台辅助逆变器故障，等待救援。

二、充电机故障处置

（1）操作复位按钮，查看故障是否消除，如图 2-5-5 所示。（若恢复，继续运行）

（a）操作复位按钮

（b）手指确认故障是否消除

图 2-5-5　充电机故障处置第一步

（2）充电机仍故障，闭合 VCB 再查看充电机状态，如图 2-5-6 所示。

（a）闭合VCB

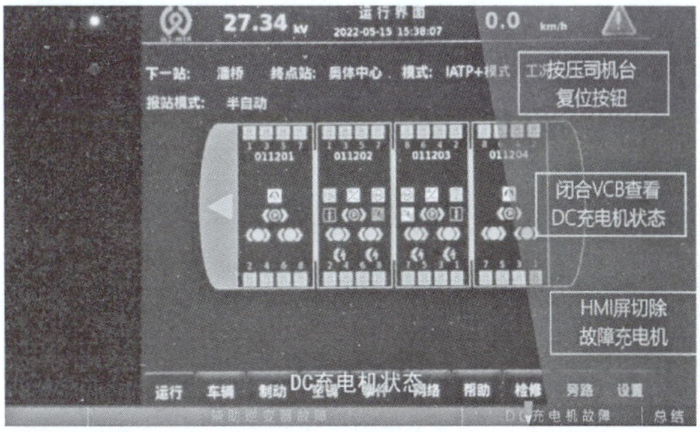

（b）HMI屏

图 2-5-6　充电机故障处置第二步

（3）一台充电机故障，通过 HMI 屏的切除设置界面切除故障充电机，查看 HMI 屏确认故障充电机已切除，维持运行，如图 2-5-7 所示。

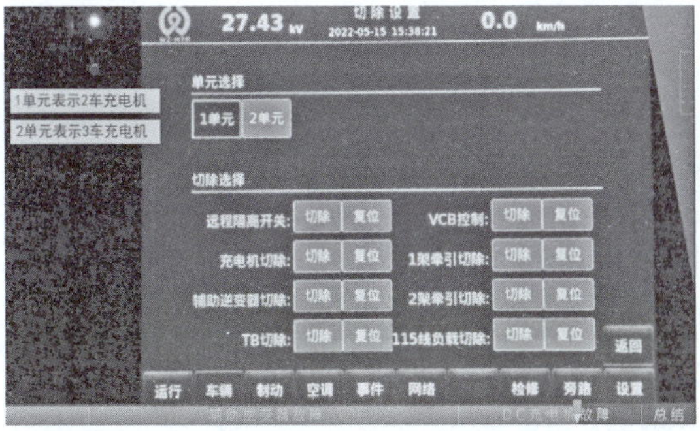

（a）HMI屏切除设置界面

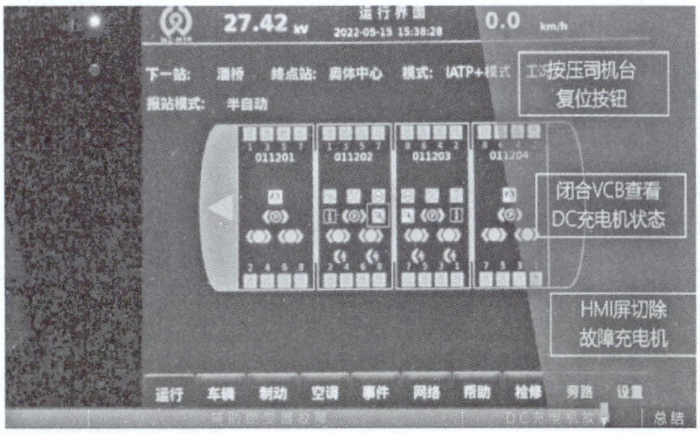

（b）HMI屏运行界面

图 2-5-7　充电机故障处置第三步

（4）两台充电机故障，等待救援。

第六章

信号系统故障

视频

信号系统故障

一、列车无故紧急制动处置

（1）查看 TOD 屏，将主控手柄拉到快制位缓解紧制，如图 2-6-1 所示。

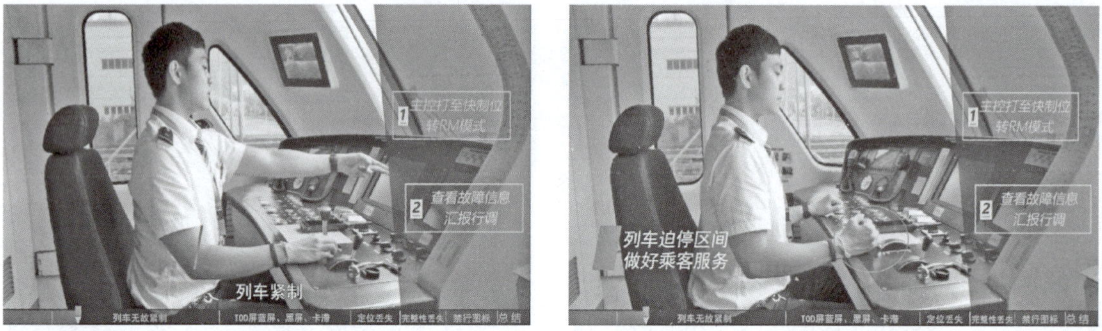

（a）手指确认TOD屏　　（b）主控手柄至快制位

图 2-6-1　列车无故紧急制动处置第一步

（2）将模式选择开关 1 转 RM 模式缓解紧急制动，如图 2-6-2 所示。

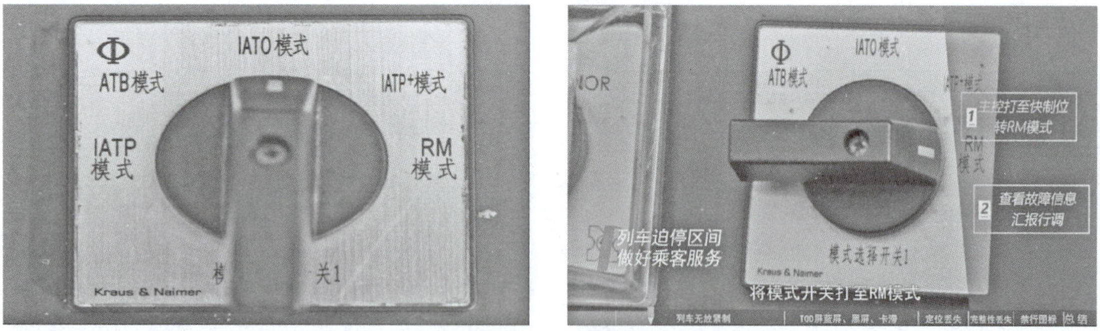

（a）模式选择开关1原模式　　（b）模式选择开关1至RM模式

图 2-6-2　列车无故紧急制动处置第二步

（3）查看 TOD 自检信息和 HMI 屏故障提示，报行车调度员，凭行车调度员命令动车，如图 2-6-3 所示。

（4）若无故紧急制动仍无法缓解，将模式开关 2 打到 NRM 模式，凭行车调度员命令动车，如图 2-6-4 所示。

（a）手指确认TOD屏

（b）手指确认HMI屏

图 2-6-3　列车无故紧急制动处置第三步

（a）手指确认紧急制动未缓解

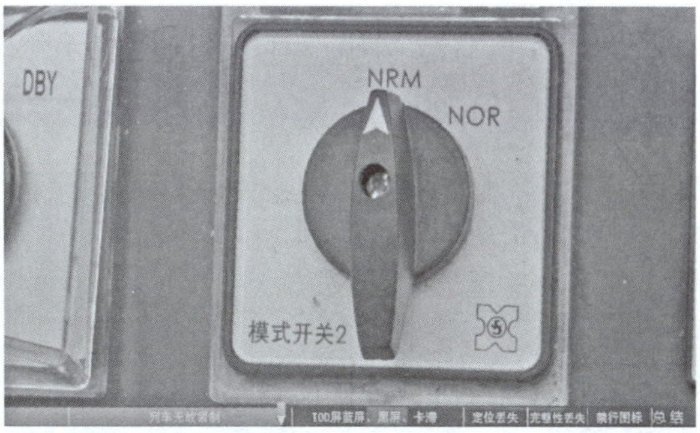

（b）模式开关2至NRM模式

图 2-6-4　列车无故紧急制动处置第四步

二、TOD 故障（蓝屏、黑屏、卡屏等）处置

1. 第一步

（1）查看 TOD 屏确认故障，如图 2-6-5 所示。

（a）手指确认TOD屏

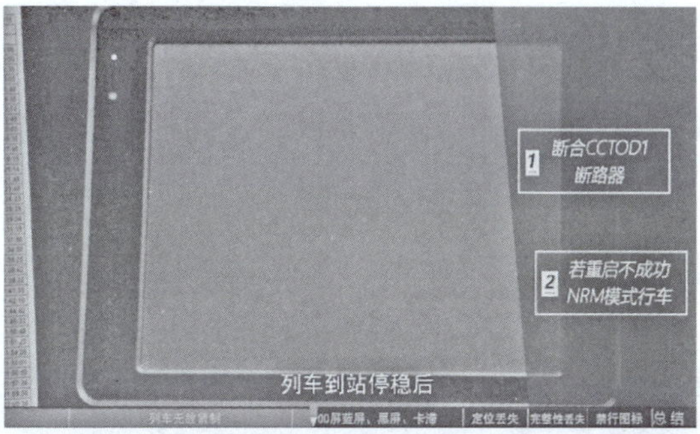

（b）TOD屏

图 2-6-5　TOD 故障（蓝屏、黑屏、卡屏等）处置第一步 1

（2）断合司机室电气柜 CCTOD1 断路器，重启 TOD 屏，如图 2-6-6 所示。

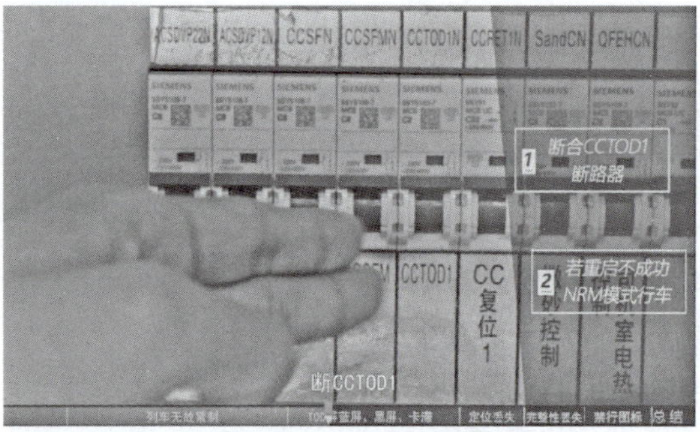

（a）断开CCTOD1断路器

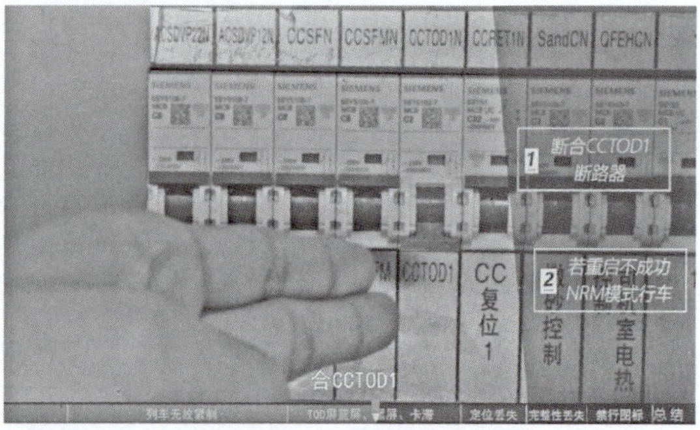

（b）闭合CCTOD1断路器

图 2-6-6　TOD 故障（蓝屏、黑屏、卡屏等）处置第一步 2

2. 第二步

TOD 屏重启成功以 ATO 模式运行至终点退出服务，若不成功则以 NRM 模式行车，如图 2-6-7 所示。

（a）手指确认TOD屏重启情况

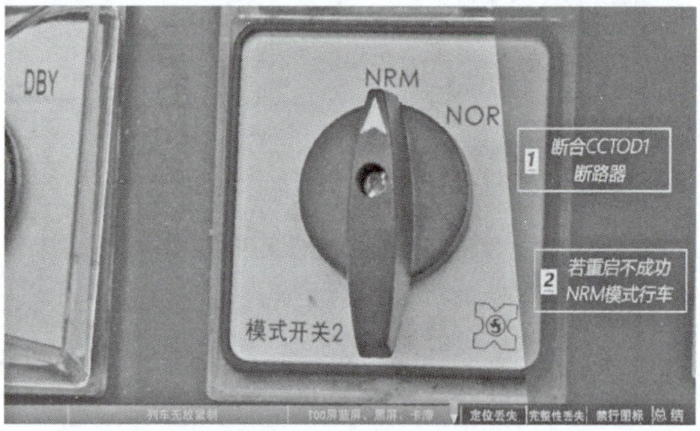

（b）模式开关2至NRM模式

图 2-6-7　TOD 故障（蓝屏、黑屏、卡屏等）处置第二步

三、TOD 显示列车定位丢失图标处置

（1）列车建立 RM 模式后，缓解 EB，如图 2-6-8 所示。

（a）确认模式选择开关1旋钮

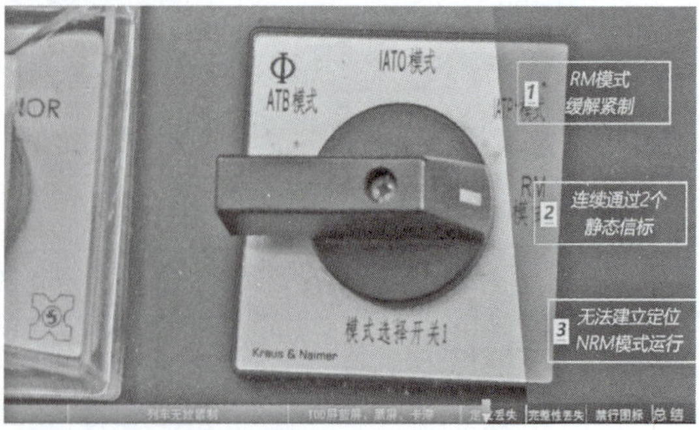

（b）模式选择开关1至RM模式

图 2-6-8　TOD 显示列车定位丢失图标处置第一步

(2)列车连续通过 2 个及以上静态信标建立定位,如图 2-6-9 所示。

(a)有源应答器　　(b)无源应答器

图 2-6-9　TOD 显示列车定位丢失图标处置第二步

(3)列车仍无法建立定位,报行车调度员,按其指示以 NRM 模式运行,如图 2-6-10 所示。

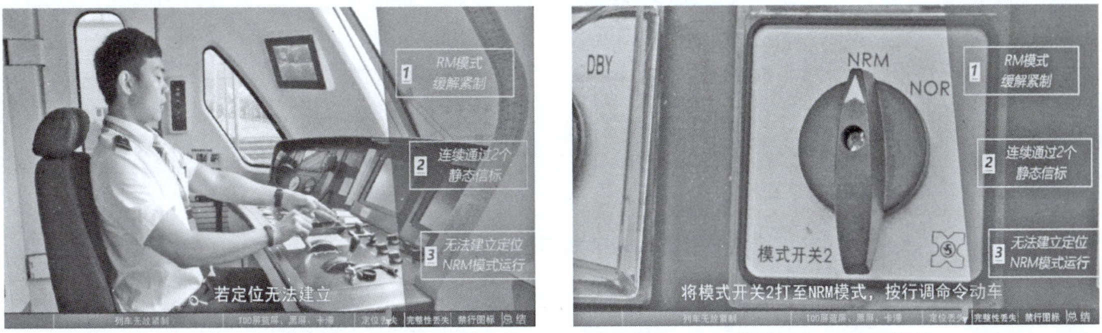

(a)手指确认无法建立定位　　(b)模式开关2至NRM模式

图 2-6-10　TOD 显示列车定位丢失图标处置第三步

四、重启 CC

视频

重启CC

重启 CC 步骤如下:

1. 第一步

(1)确认需要对正线某辆列车进行 CC 重启工作,将驾驶模式转为 NRM 模式,如图 2-6-11 所示。

(2)将门旁路开关打至 DBY 位,如图 2-6-12 所示。

2. 第二步:断开电气柜断路器

(1)01 端:先断开车辆电器机柜中 CC 复位 1;再断 CCSF、CCSFM、ACSDVP12、ACSDVP22、CCTOD1 断路器,如图 2-6-13 所示。

（a）手指确认转换驾驶模式

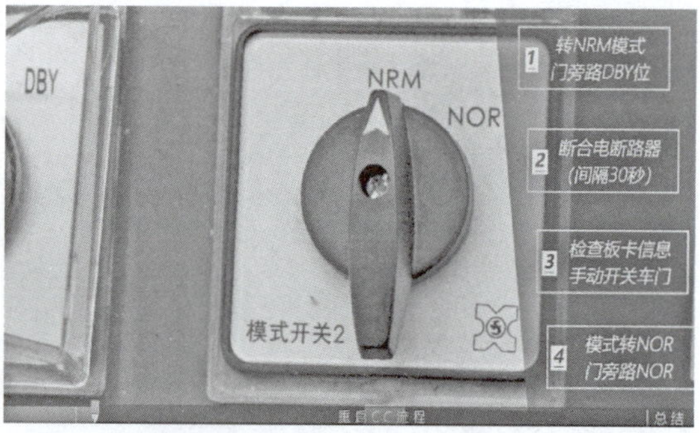

（b）模式开关2至NRM模式

图 2-6-11　重启 CC 第一步 1

（a）确认门旁路开关

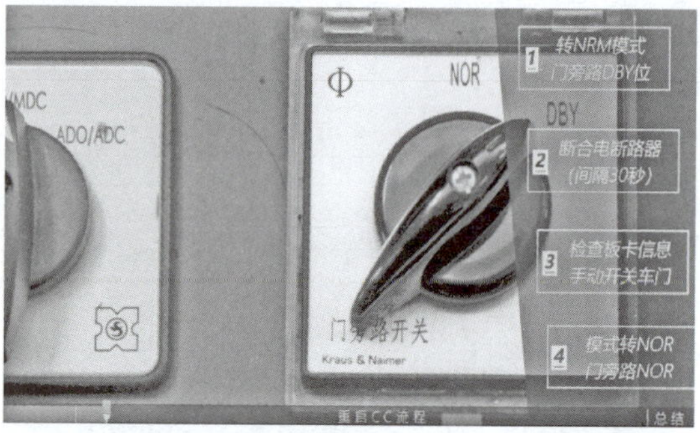

（b）门旁路开关至DBY模式

图 2-6-12　重启 CC 第一步 2

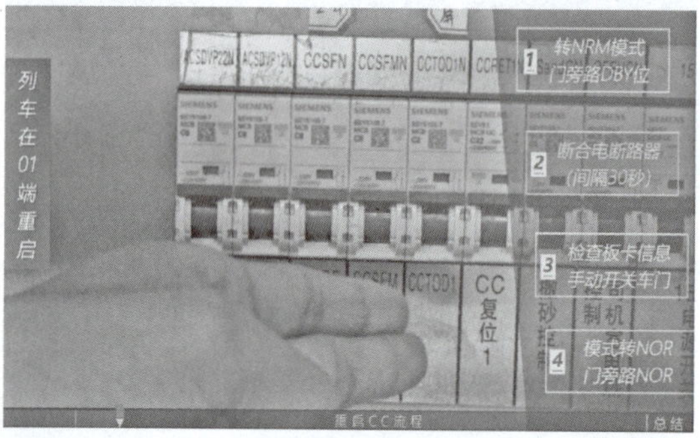

（a）手指确认CC复位1

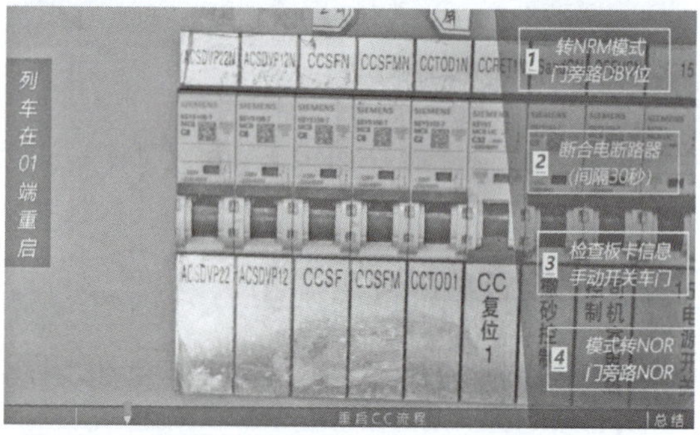

（b）断开CC复位1

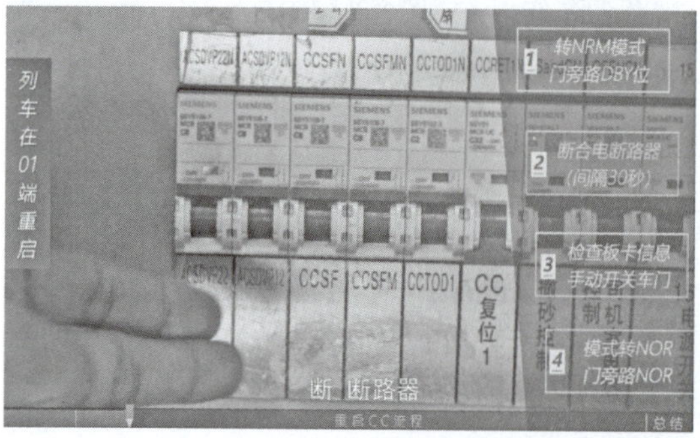

（c）手指确认其余5个断路器

（d）断开其余5个断路器

图 2-6-13　重启 CC 第二步 1

(2)04 端:先断开车辆电器机柜中的 CC 复位 2;再断 CCMR、CCTOD2 断路器,如图 2-6-14 所示。

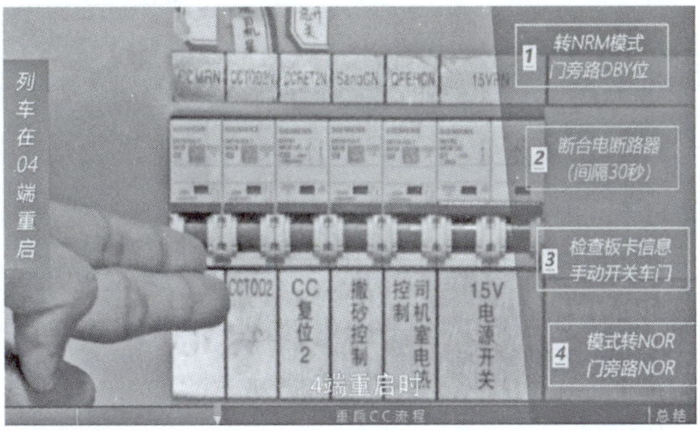

（a）手指确认CC复位2

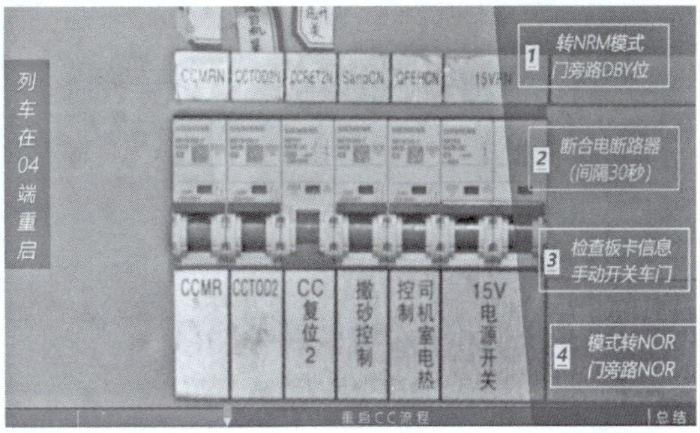

（b）断开CC复位2

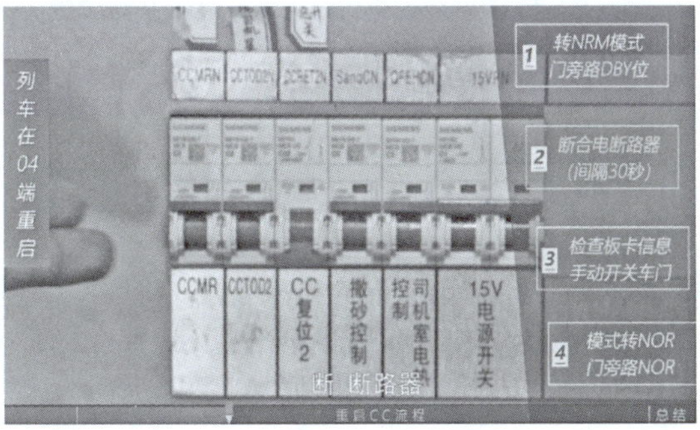

（c）手指确认其余2个断路器

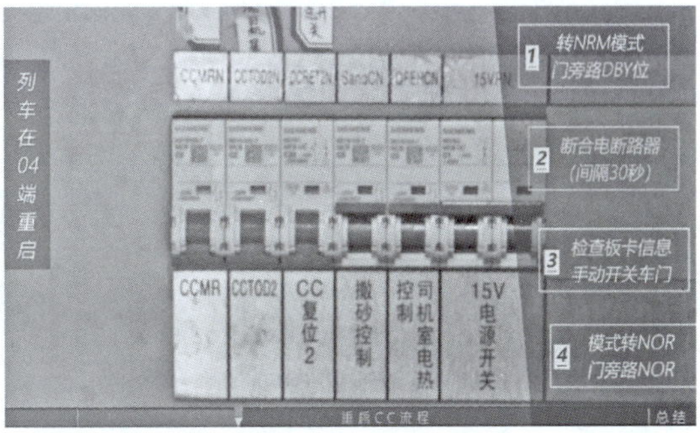

（d）断开其余2个断路器

图 2-6-14　重启 CC 第二步 2

3. 第三步:闭合电气柜断路器

(1)01 端: CC 断路器断开 30 s 后,先合上 ACSDVP12、ACSDVP22、CCTOD1、CCSFM、CCSF,再闭合 CC 复位 1 断路器,如图 2-6-15 所示。

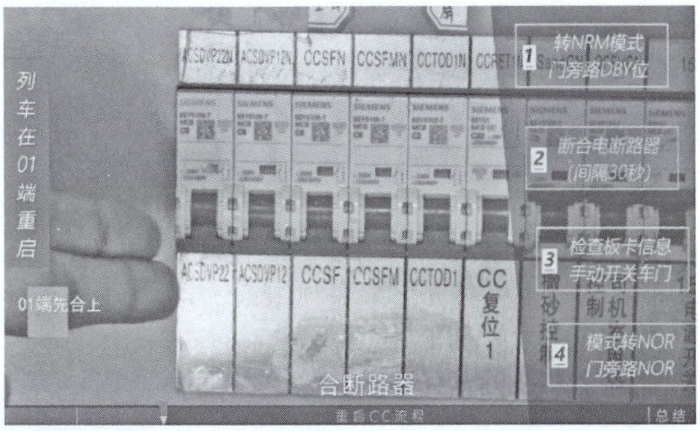

（a）手指确认5个断路器

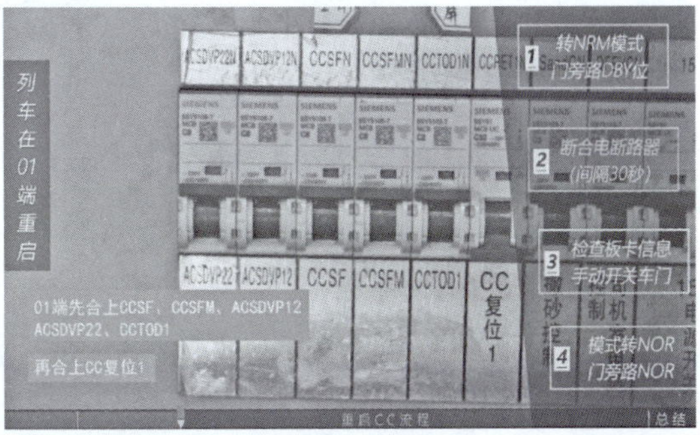

（b）闭合5个断路器

图 2-6-15　重启 CC 第三步 1

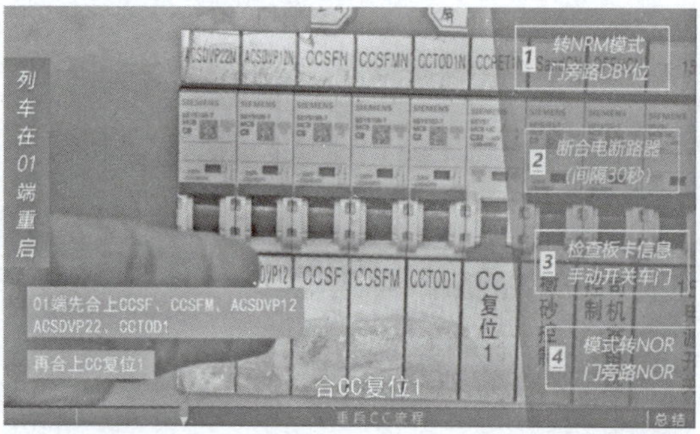

（c）手指确认CC复位1

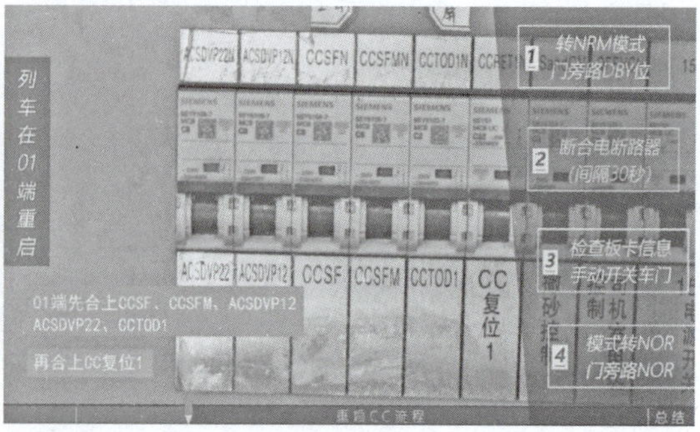

（d）闭合CC复位1

图 2-6-15　重启 CC 第三步 1（续）

（2）04 端：CC 断路器断开 30 s 后，先合上 CCMR、CCTOD2，再闭合 CC 复位 2 断路器，如图 2-6-16 所示。

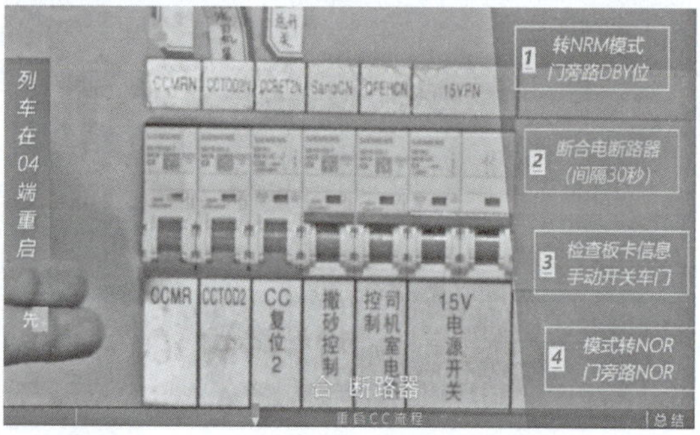

（a）手指确认2个断路器

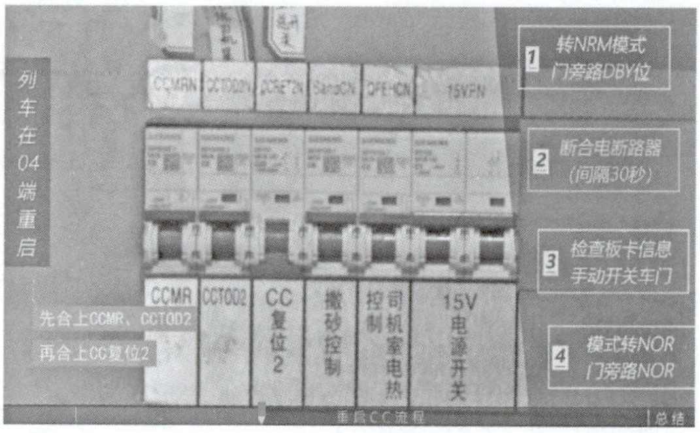

（b）闭合2个断路器

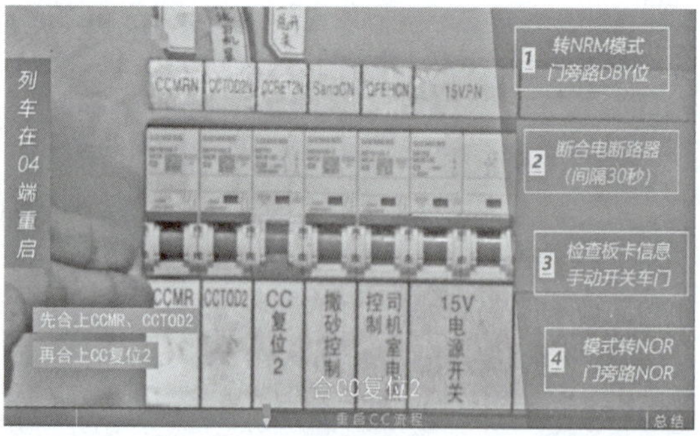

（c）手指确认CC复位2

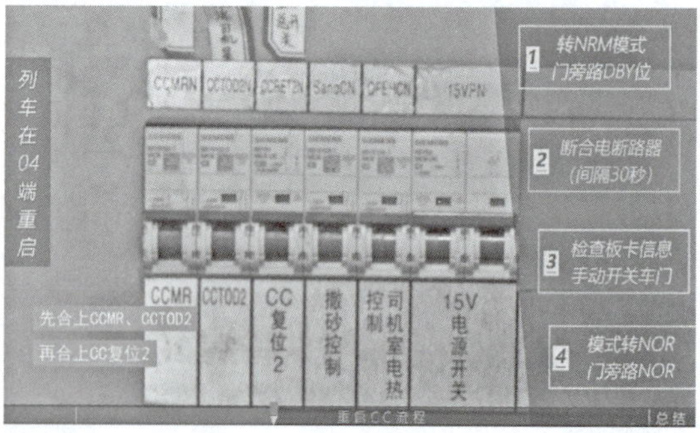

（d）闭合CC复位2

图 2-6-16　重启 CC 第三步 2

4. 第四步

（1）司机以 NRM 模式运行至下一站停稳后，检查自检信息中的板卡状态信息，如图 2-6-17 所示。

（2）在本站以门旁路开关在 DBY 位进行手动开关门作业，如图 2-6-18 所示。

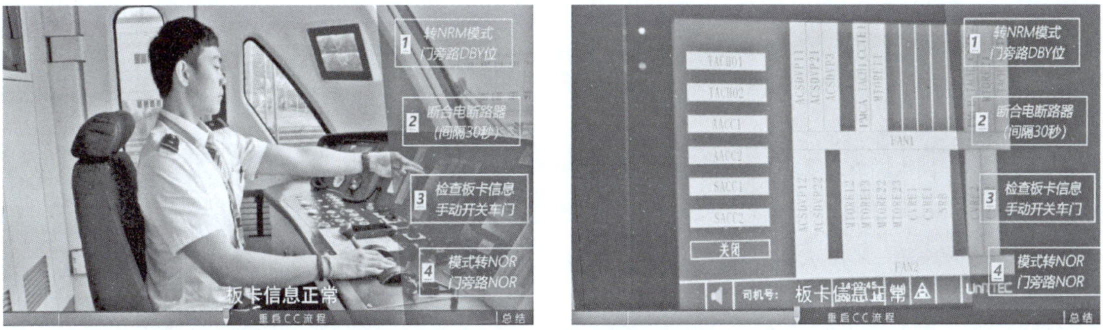

（a）手指确认板卡状态信息　　　　（b）板卡信息

图 2-6-17　重启 CC 第四步 1

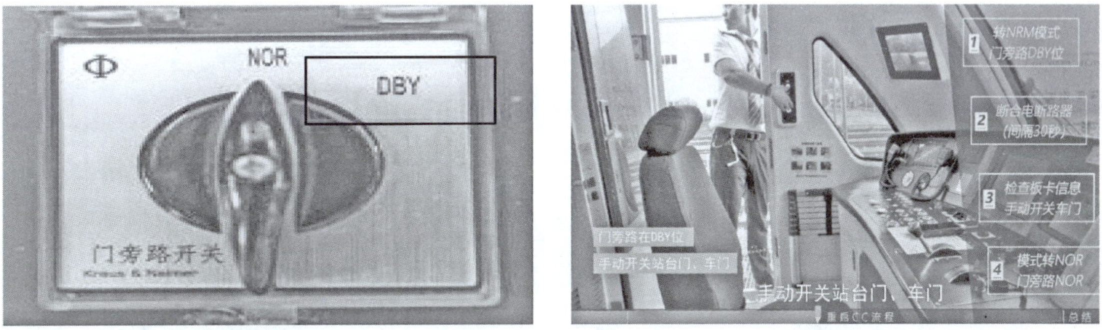

（a）门旁路开关至DBY模式　　　　（b）手动开关门作业

图 2-6-18　重启 CC 第四步 2

5. 第五步

（1）待开关门作业完成后，将门旁路开关打至 NOR 位，如图 2-6-19 所示。

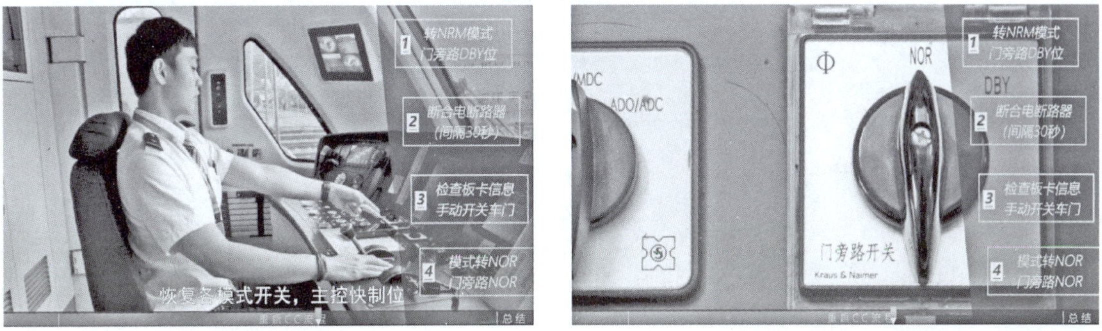

（a）手指确认门旁路开关　　　　（b）门旁路开关至NOR模式

图 2-6-19　重启 CC 第五步 1

（2）将模式开关 2 转为 NOR 位，如图 2-6-20 所示。

6. 第六步

（1）模式选择开关 1 转为 RM 模式，利用主控手柄快制位缓解紧急制动，如图 2-6-21 所示。

（a）手指确认模式开关2位置

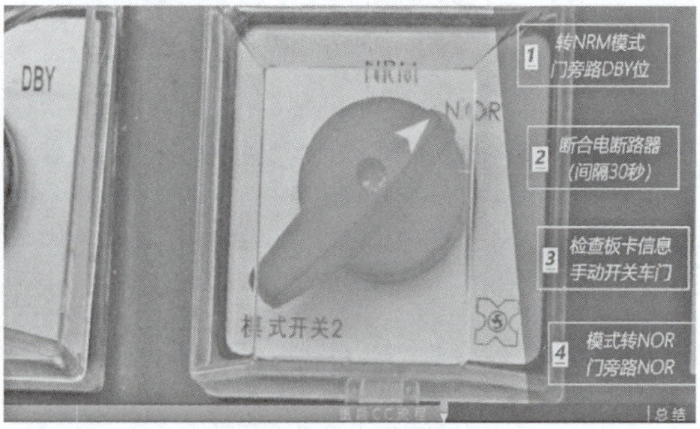

（b）模式开关2至NOR模式

图 2-6-20　重启 CC 第五步 2

（a）转RM模式

（b）主控手柄快制位

图 2-6-21　重启 CC 第六步 1

（2）查看重启成功四要素，查看 TOD 屏幕上有无信号模式可用，如图 2-6-22 所示。

（a）手指确认TOD重启成功四要素

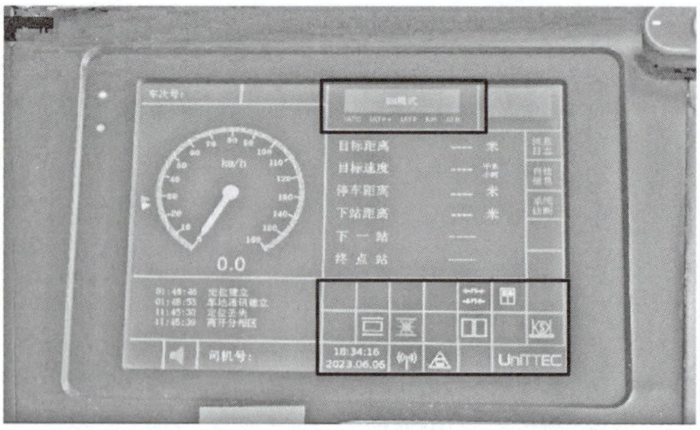

（b）TOD屏

图 2-6-22　重启 CC 第六步 2

7. 第七步

报行车调度员重启是否成功，按行车调度员指令，建立信号驾驶模式（IATP/IATP+/IATO）后，继续以信号模式驾驶，如图 2-6-23 所示。

（a）向行车调度员汇报

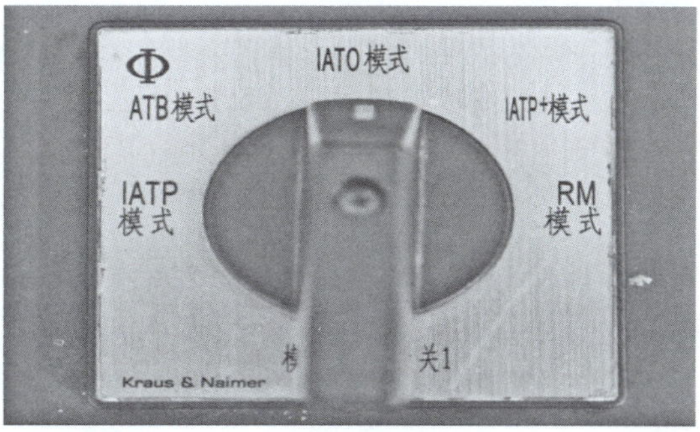

（b）模式选择开关1

图 2-6-23　重启 CC 第七步

本篇小结

本篇介绍市域动车组列车常见故障的现象和处置，包括了牵引系统故障、制动系统故障、车门系统故障、辅助供电系统故障和信号系统故障的处置流程。所涉及的内容是一个市域动车组司机必须熟练掌握的知识和技能，需要在以后的工作中不断培训练习，确保行车过程中遇到此类故障能快速处置，保障行车安全。

巩固练习

1. 发生故障时司机查看__________、__________、__________确认列车状态。
2. 简述列车重启 CC 流程。
3. 列车不明原因紧制（信号类）如何处置？
4. 列车车门故障隔离如何操作？

第三篇 应急处置实操技能

案例导学

小林司机已经掌握市域动车组的故障处理实操技能，但是，在驾驶过程中还会遇到一些意料之外的情况。如果列车在途中遇到了非正常的紧急情况，该怎么办呢？

下面为小林司机准备了一场应急处置实操技能的培训，掌握这些技能将会使他成为一名合格的市域动车组司机。

技能目标

(1)掌握信息报告原则、应急处置原则。

(2)掌握接触网悬挂异物、障碍物侵入限界应急处置的规定。

(3)掌握接触网或弓网故障、网压为零应急处置的规定。

(4)掌握错开车门、空隙夹人、乘客操作紧急解锁应急处置的规定。

(5)掌握火灾、毒气、自然灾害的应急处置规定。

第一章

应急处置原则

一、信息报告原则

1. 报告对象

(1)发生在正线时,由司机向行车调度员报告。

(2)发生在车场时,由司机向车场调度员报告。

2. 报告内容

(1)发生时间(年、月、日、时、分)。

(2)发生地点(区间、百米标和上、下行正线)。

(3)列车车次、车组号及关系人员姓名、职务。

(4)事故概况及原因。

(5)人员伤亡情况及车辆、线路等设备损坏情况。

(6)是否需要救援。

(7)其他必须说明的内容及要求。

3. 信息传递要求

(1)发生突发事件时,当值司机应立即报告行车调度员/车场调度员,并通知当值司机长。司机长逐级向上汇报,并尽快和指导司机前往事发地点(列车),了解有关情况,指导当值司机后续处置。

(2)突发事件处置完毕,当值司机将事件情况填写到行车报单上,并由当值司机长审核后交安全管理工程师,必要时直接向部门领导汇报。

二、应急处置原则

(1)司机在突发事件处置时应沉着冷静,严格按处置方案执行,做好乘客疏导和安抚工作,维持乘客秩序和减少乘客恐慌。

(2)在应急处置过程中,司机在保证自身安全前提下,优先组织人员疏散、保障乘客人身安全,同时兼顾设备和环境的防护,将损失降至最低限度,做好现场保护。

(3)在应急处置过程中,司机应客观描述所见事实,禁止臆测,必须严格按照行车调度员或车场调度员的命令执行。司机离开司机室处置突发事件必须得到行车调度员或场调许可。

(4)遇到信号灯显示与行车调度员、DCC 值班员或车场调度命令不一致时严禁动车,指令不明确、信号灯显示不清或不正确时禁止动车。

(5)司机在突发事件处置时,不得擅自发布相关信息。

第二章

行车类应急处置

一、接触网悬挂异物处置

视频

接触网悬挂异物

（1）前方接触网悬挂异物不影响行车（异物未侵入机车、车辆限界）。

确认前方接触网悬挂异物不影响行车，直接通过并将异物情况汇报行车调度员，如图 3-2-1 所示。

（a）手指确认接触网悬挂异物

（b）向行车调度员汇报

图 3-2-1　遇接触网异物不影响行车处置

（2）前方接触网悬挂异物影响行车但可降弓惰行通过。

①确认前方接触网悬挂异物影响行车但可降弓惰行通过，立即降弓（VCB 自动断开），如图 3-2-2 所示。

（a）手指确认接触网悬挂异物

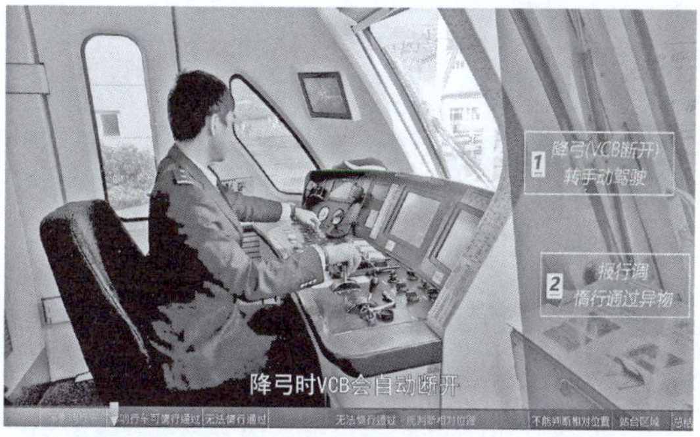

（b）立即降弓

图 3-2-2　遇接触网异物可惰性通过处置 1

②以手动驾驶模式惰行通过异物，汇报行车调度员，如图 3-2-3 所示。

（a）手动驾驶

（b）向行车调度员汇报

图 3-2-3　遇接触网异物可惰性通过处置 2

③在地面及高架区段(柔性接触网)时,列车越过异物且速度低于 60 km/h 时升弓、闭合 VCB,确认列车状态并汇报行车调度员;在地下区段(刚性接触网)时,先停车再升弓。

(3)接触网悬挂异物影响列车降弓惰行通过,但可换弓通过。

①司机可以判断相对位置时:

a. 确认接触网悬挂异物影响列车降弓惰行通过,立即紧急停车,降弓(VCB 自动断开),报行车调度员,如图 3-2-4 所示。

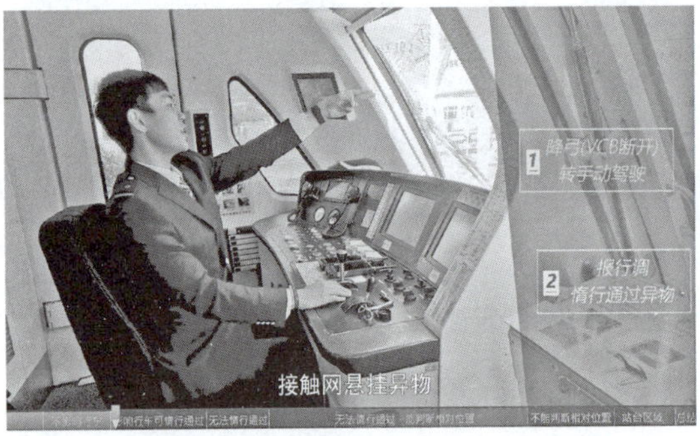

（a）手指确认接触网异物影响列车惰行通过

（b）紧急制动按钮

（c）降弓

（d）向行车调度汇报

图 3-2-4　遇接触网异物可换弓通过处置 1

b. 操作司机室电气柜选弓旋钮,选择后弓,如图 3-2-5 所示。

c. 升弓,确认升弓到位、网压正常,如图 3-2-6 所示。

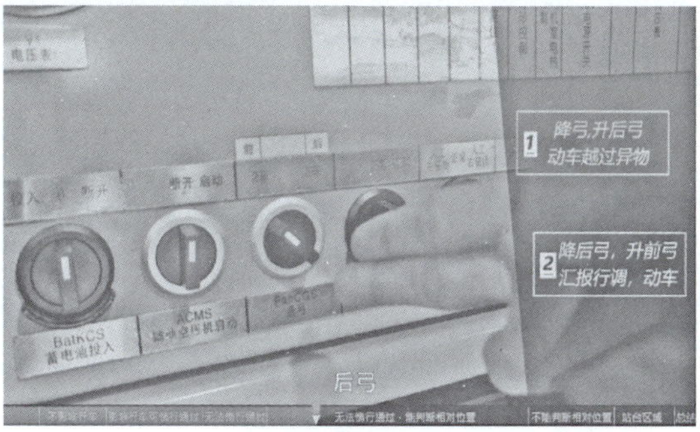

（a）手指确认选弓旋钮

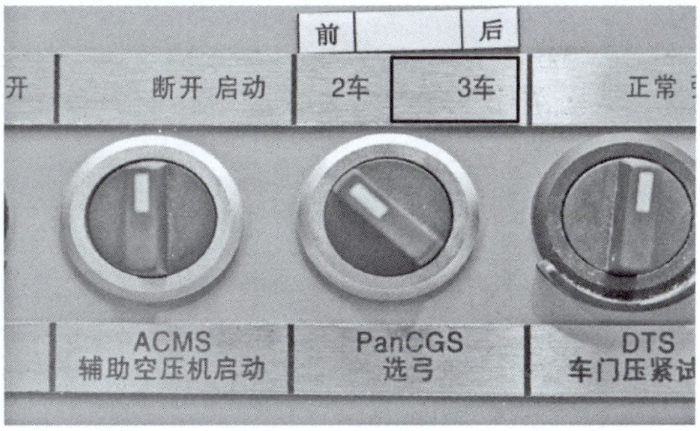

（b）选弓旋钮

图 3-2-5 遇接触网异物可换弓通过处置 2

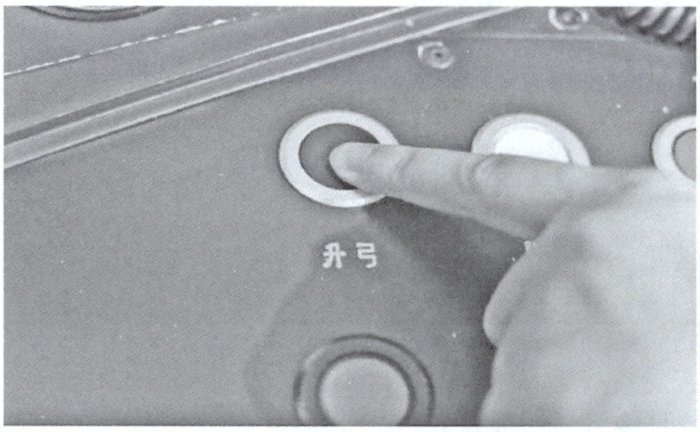

（a）按下升弓按钮

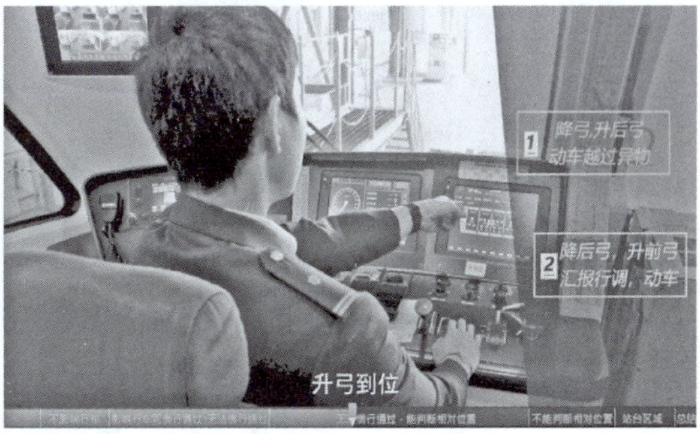

（b）手指确认升弓到位

图 3-2-6 遇接触网异物可换弓通过处置 3

d. 闭合 VCB，确认 VCB 闭合，动车，如图 3-2-7 所示。

（a）闭合VCB

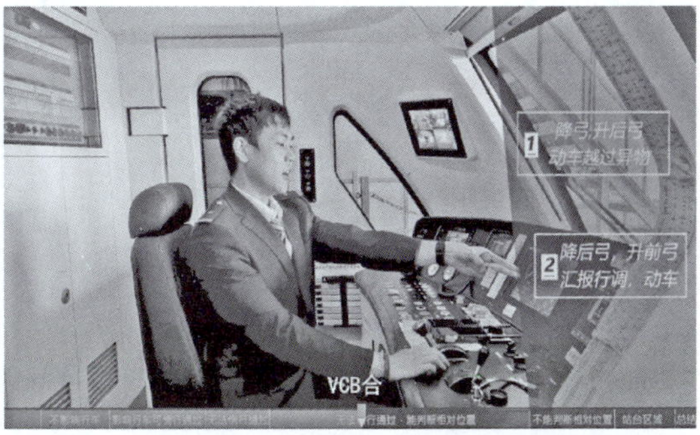

（b）手指确认VCB闭合

图 3-2-7 遇接触网异物可换弓通过处置 4

e. 通过异物后，断开 VCB，如图 3-2-8 所示。

f. 操作降弓，并确认降弓到位，如图 3-2-9 所示。

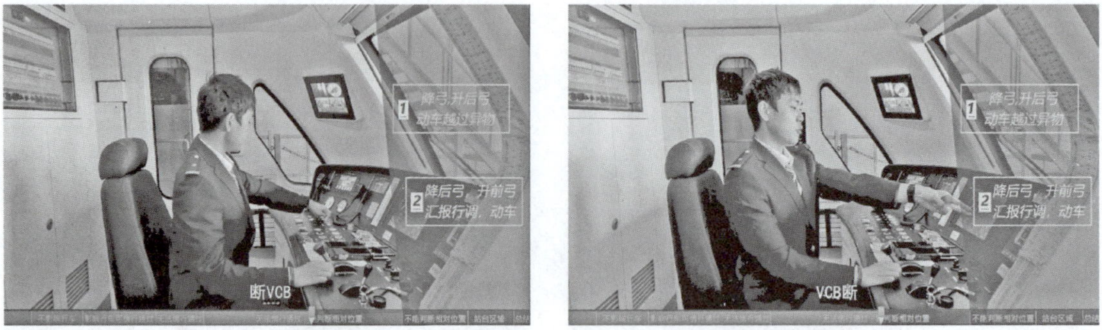

（a）断开VCB （b）手指确认VCB断开

图 3-2-8 遇接触网异物可换弓通过处置 5

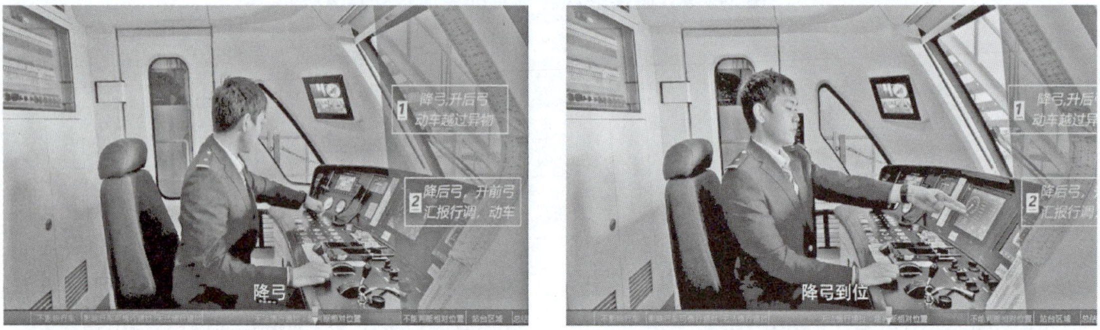

（a）降弓 （b）手指确认降弓到位

图 3-2-9 遇接触网异物可换弓通过处置 6

g. 选择前弓并升弓，确认升弓到位、网压正常，如图 3-2-10 所示。

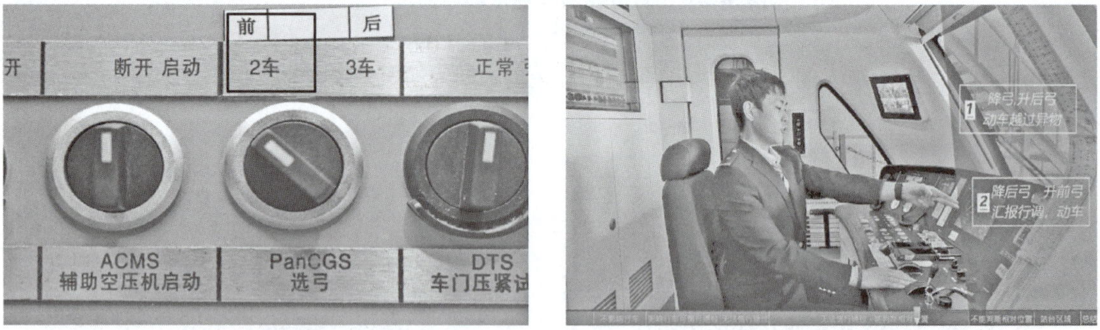

（a）选弓旋钮 （b）手指确认升弓到位且网压正常

图 3-2-10 遇接触网异物可换弓通过处置 7

h. 闭合 VCB，确认 VCB 闭合，报行车调度员列车已换弓通过异物，如图 3-2-11 所示。

注：列车须在异物前 10 m 距离内停车，司机升后弓向前移动 50 m（一般情况下两根接触网立柱的间距）后停车换前弓。

②司机无法判断相对位置时：报行车调度员，按行车调度员指示依照邻线列车位置进行确认。

（4）当惰行通过异物后，网压显示不正常或发生其他异常情况，司机立即停车，报行车调度员，按行车调度员命令执行，如图 3-2-12 所示。

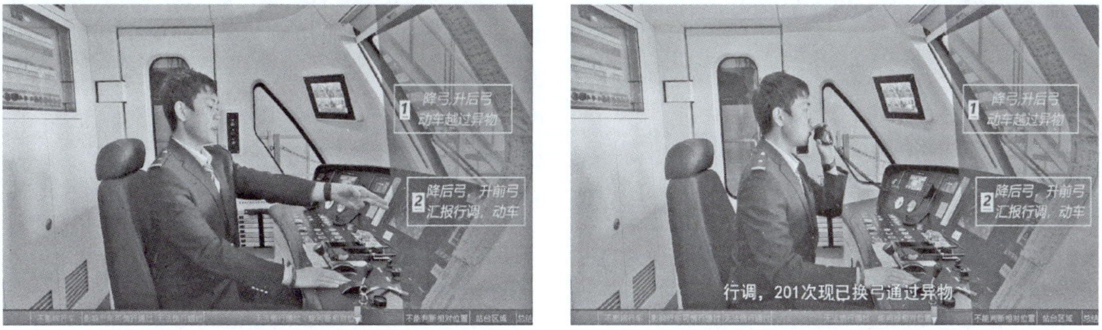

（a）手指确认VCB闭合　　（b）向行车调度员汇报

图 3-2-11　遇接触网异物可换弓通过处置 8

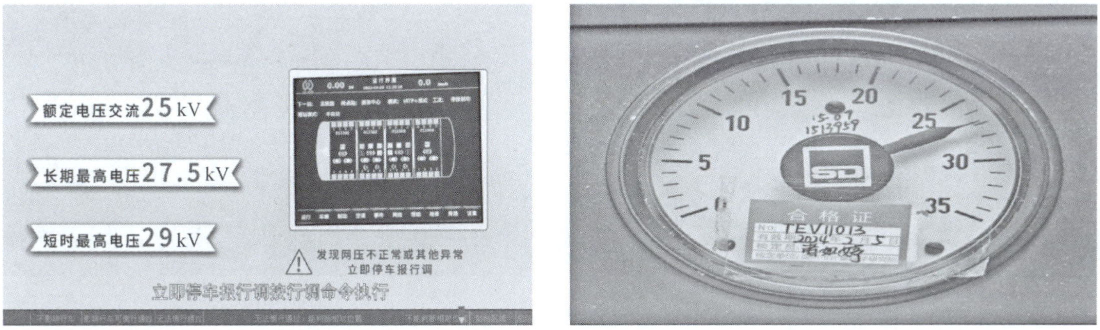

（a）网压标准值　　（b）网压表

图 3-2-12　接触网电压

（5）若异物（如铁丝网等）影响行车安全且无法换弓通过，报行车调度员，按行车调度员命令执行。

（6）站台区域发现接触网悬挂异物。

①进站前发现异物，直接操作降弓。对标停车开门作业后，升弓闭合 VCB。

②站台区域司机可视范围内（原则上：高架及地面站为两端站台门端门向外延伸 100 m 范围；地下站为站台门两端之间的范围）发现接触网悬挂异物。司机根据现场情况判断后，如可换弓通过，报行车调度员，并在车站人员协助下进行换弓通过。若司机根据现场情况判断后，无法通过异物，严禁擅自动车，报行车调度员按其指令执行。

二、障碍物侵入限界

视频

障碍物侵入限界

1. 障碍物不影响行车

（1）列车运行中，司机发现轨行区有障碍物时，确认障碍物不影响行车，立即转为手动驾驶模式，如图 3-2-13 所示。

（2）确认模式转换成功，减速运行通过后报行车调度员，如图 3-2-14 所示。

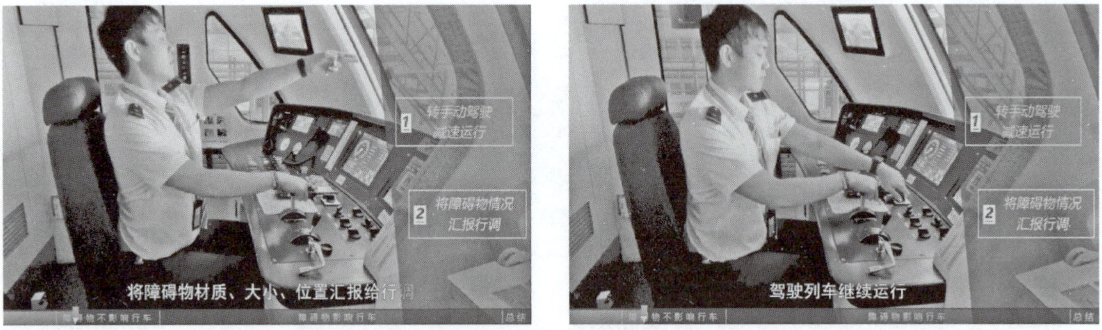

（a）手指确认障碍物侵线不影响行车　　（b）驾驶模式转换为手动驾驶

图 3-2-13　遇障碍物侵线不影响行车处置 1

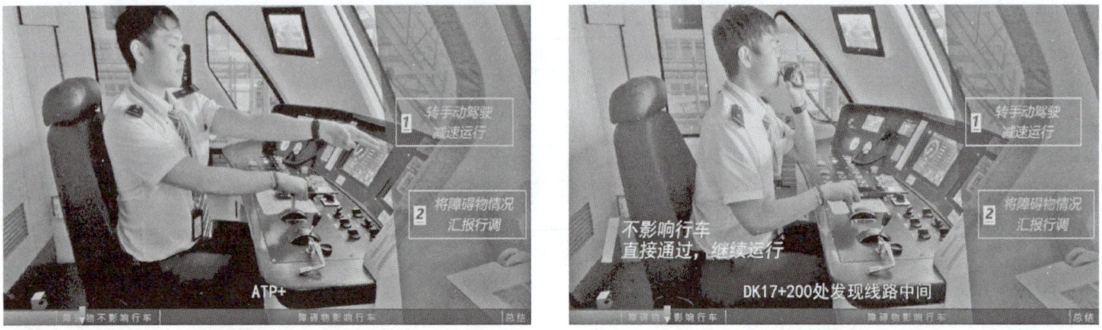

（a）手指确认驾驶模式　　（b）向行车调度员汇报

图 3-2-14　遇障碍物侵线不影响行车处置 2

注：向行车调度员汇报障碍物材质、大小和位置。

2. 障碍物影响行车

（1）确认障碍物侵入限界影响行车，立即紧急停车，如图 3-2-15 所示。

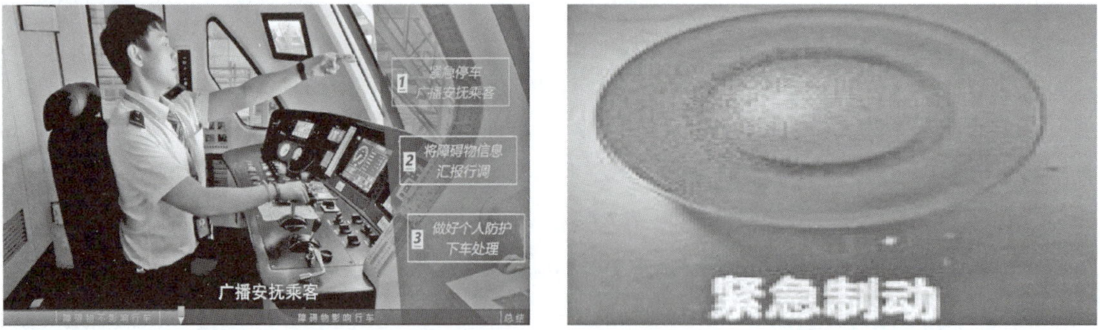

（a）手指确认障碍物侵限影响行车　　（b）紧急制动按钮

图 3-2-15　遇障碍物侵限影响行车处置 1

（2）广播安抚乘客，报行车调度员，按行车调度员命令执行，如图 3-2-16 所示。

（3）凭行车调度员命令前往现场处理前，施加停放制动，做好防溜措施，如图 3-2-17 所示。

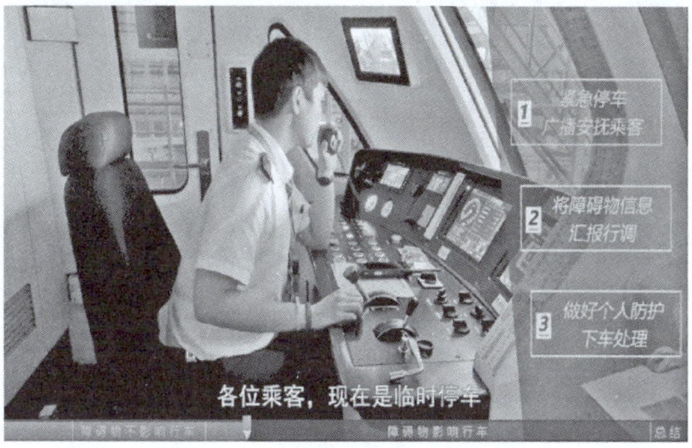

（a）进行乘客广播

（b）向行车调度员汇报

图 3-2-16　遇障碍物侵限影响行车处置 2

（a）操作停放制动施加

（b）在HMI屏确认施加状态

图 3-2-17　遇障碍物侵限影响行车处置 3

（4）播放临停广播，司机穿好荧光衣做好个人防护下车处理，如图 3-2-18 所示。

（a）播放临时停车广播

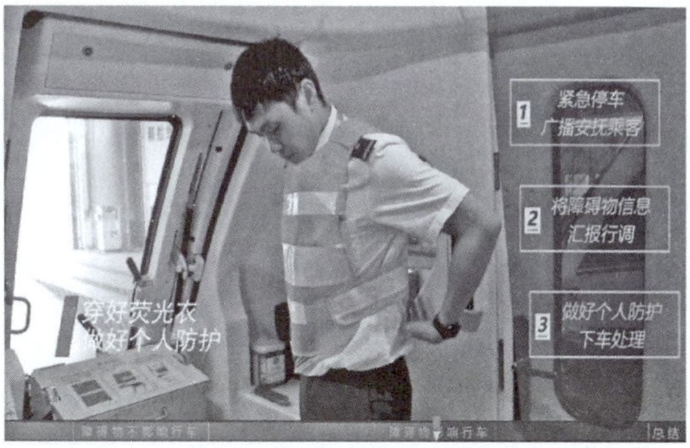

（b）下车前做好个人防护

图 3-2-18　遇障碍物侵限影响行车处置 4

（5）处理完毕上车后报行车调度员，按行车调度员命令动车，动车前缓解停放制动，如图 3-2-19 所示。

注：若现场情况无法处理或危及人身安全，将现场情况汇报行车调度员，按行车调度员指令执行。

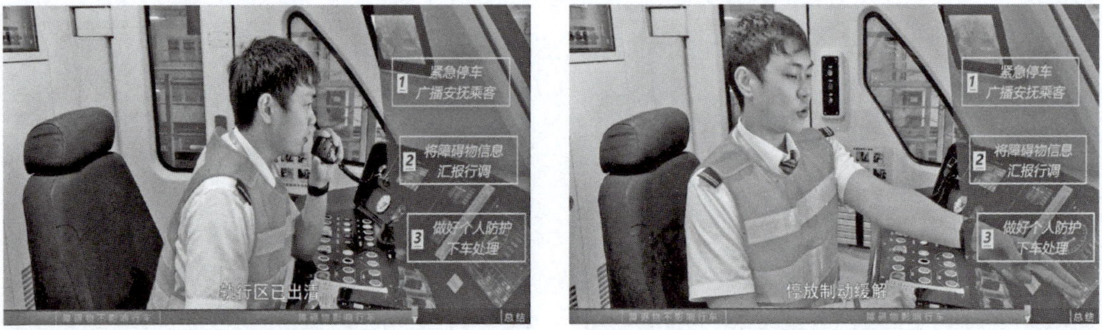

（a）向行车调度员汇报　　（b）缓解停放制动

图 3-2-19　遇障碍物侵限影响行车处置 5

第三章

设备故障类应急处置

视频

网压为零

一、供电设备故障

供电设备故障网压为零时，根据列车运行位置不同，有 2 种处置流程。

1. 列车在区间运行

（1）确认网压为零，将主控手柄置于零位，操作降弓（VCB 自动断开），如图 3-3-1 所示。

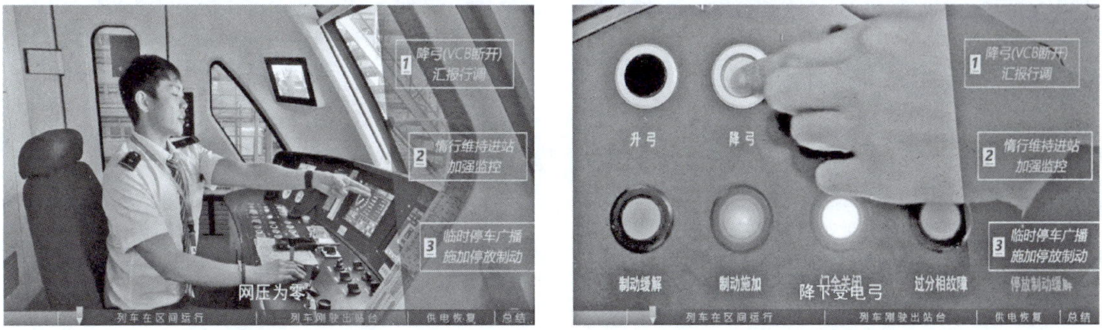

（a）手指确认网压为零　　（b）按下降弓按钮

图 3-3-1　区间运行时网压为零处置 1

（2）报行车调度员，惰行依靠惯性维持进站，如图 3-3-2 所示。

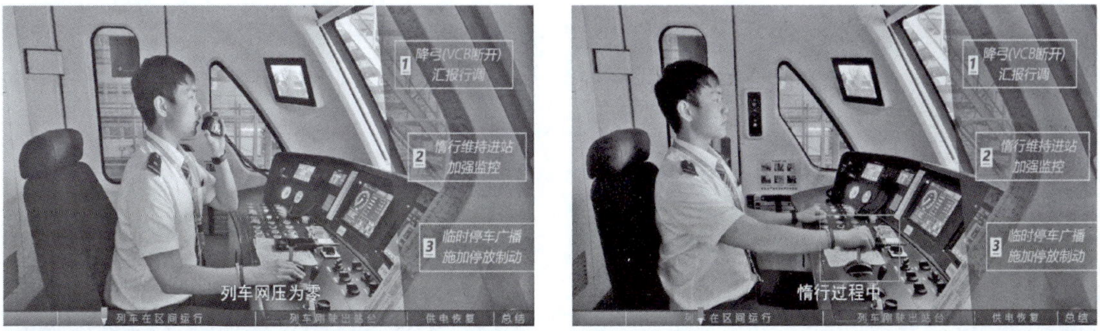

（a）向行车调度员汇报　　（b）惰行进站

图 3-3-2　区间运行时网压为零处置 2

视频

列车迫停分相区

注：惰行时司机需要避免列车停在分相区。

（3）若迫停区间，广播安抚乘客，报行车调度员，如图 3-3-3 所示。

（4）按行车调度员命令做好防溜措施，原地待令，如图 3-3-4 所示。

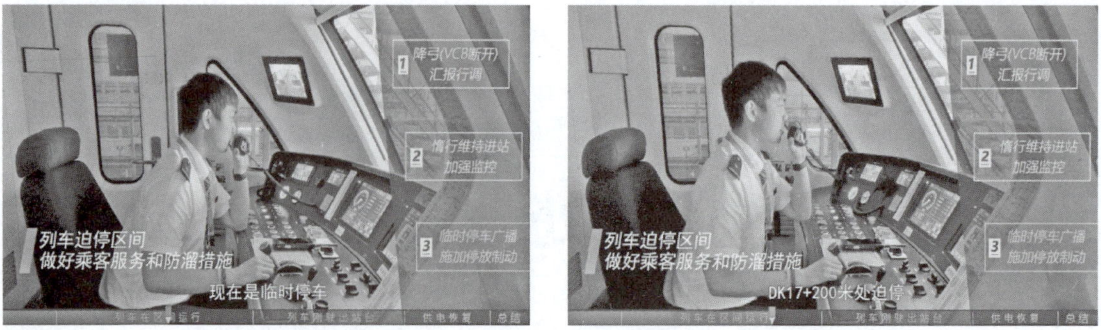

（a）进行临时停车广播　　（b）向行车调度员汇报

图 3-3-3　网压为零迫停区间处置 1

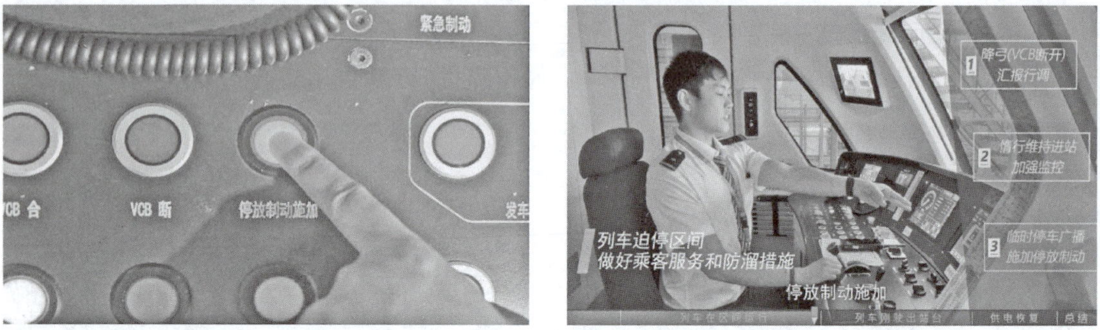

（a）按下停放制动施加按钮　　（b）手指确认做好防溜措施

图 3-3-4　网压为零迫停区间处置 2

注：司机须时刻关注蓄电池电压，当蓄电池电压低于规定电压时，及时向行车调度员汇报，得到行车调度员同意后，通过 HMI 屏关闭应急通风，操作蓄电池旋钮至断开位。

2. 列车刚驶出站台

（1）列车尾部尚未出清站台时，立即停车，确认网压，如图 3-3-5 所示。

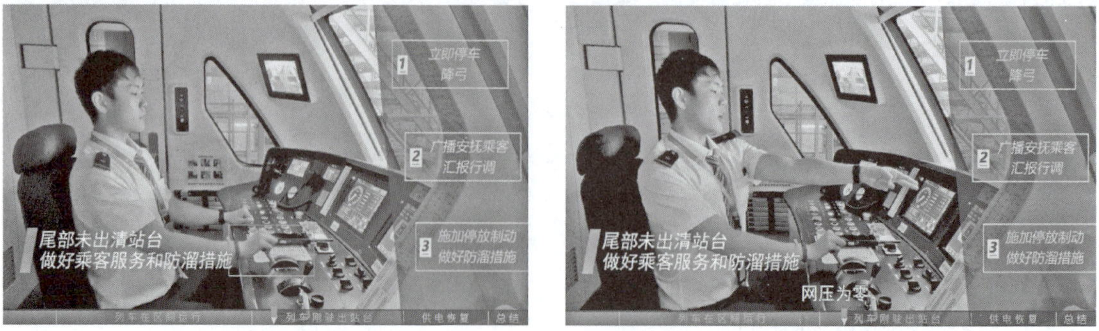

（a）列车未出清站台　　（b）手指确认网压为零

图 3-3-5　未出清站台时网压为零处置 1

（2）操作降弓（VCB 自动断开），广播安抚乘客，如图 3-3-6 所示。

（3）报行车调度员，按行车调度员命令做好防溜措施，原地待令，如图 3-3-7 所示。

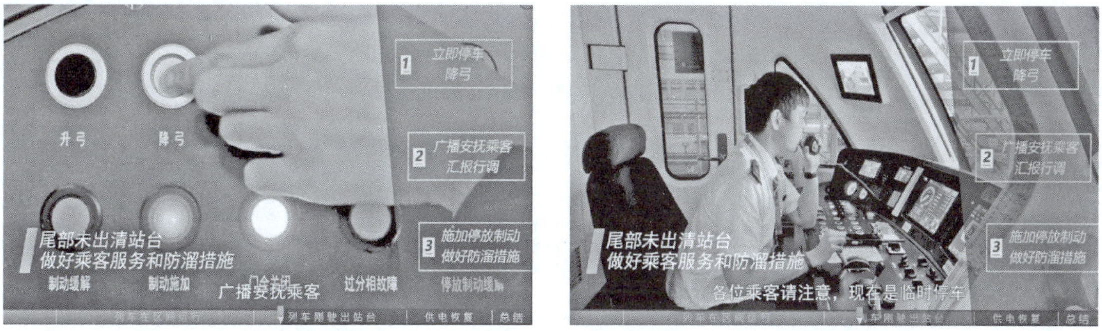

（a）按下降弓按钮　　（b）进行临时停车广播

图 3-3-6　未出清站台时网压为零处置 2

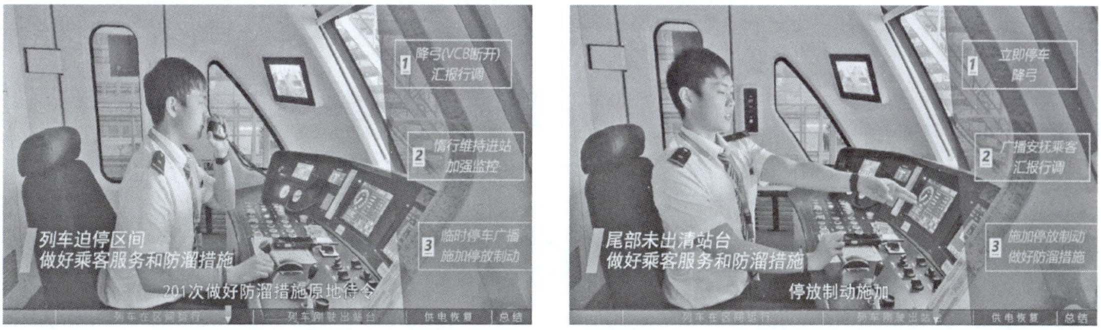

（a）向行车调度员汇报　　（b）做好防溜措施

图 3-3-7　未出清站台时网压为零处置 3

二、供电恢复

（1）接到行车调度员通知供电恢复，如图 3-3-8 所示。

图 3-3-8　供电恢复处置 1

（2）升弓，确认升弓到位、网压正常，如图 3-3-9 所示。

（3）闭合 VCB，确认 VCB 闭合，查看列车状态，汇报行车调度员，按行车调度员命令执行，如图 3-3-10 所示。

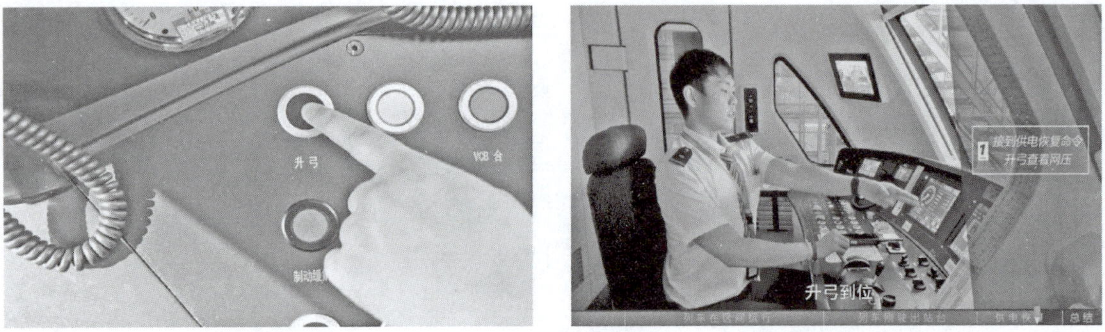

（a）按下升弓按钮　　（b）手指确认网压正常

图 3-3-9　供电恢复处置 2

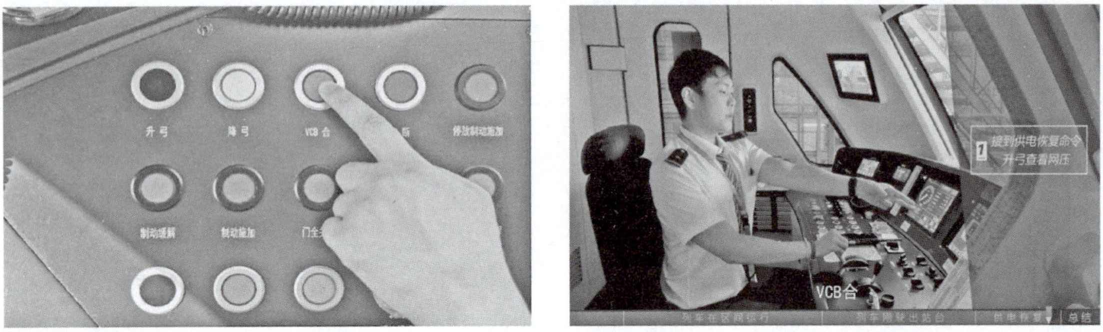

（a）按下VCB合按钮　　（b）手指确认VCB闭合

图 3-3-10　供电恢复处置 3

注：如列车未激活，重新激活列车。

第四章

人为因素应急处置

视频

错开车门

一、错开车门应急处置

（1）确认错开侧车门，立即关闭错开侧车门，如图 3-4-1 所示。

（a）手指确认错开侧车门

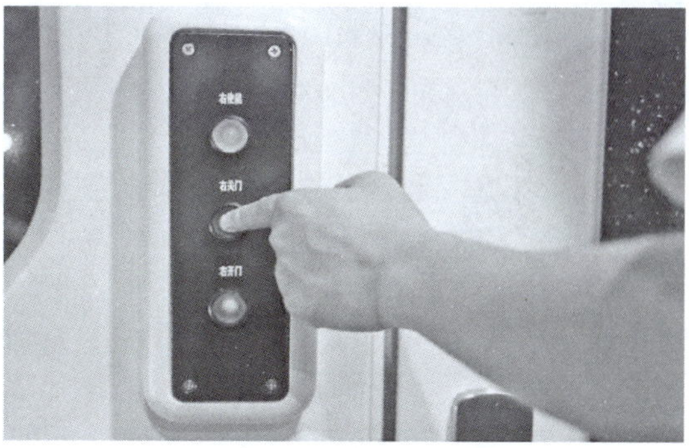

（b）立即按压侧墙关门按钮

图 3-4-1　错开车门应急处置 1

（2）通过侧墙开门按钮，打开正确侧车门，如图 3-4-2 所示。

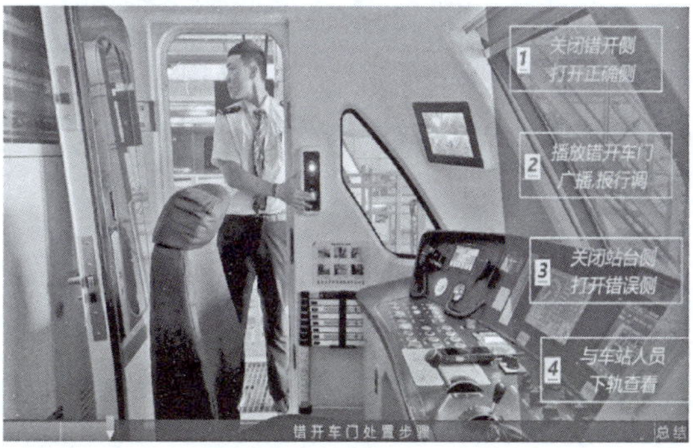

（a）目视确认侧车门打开正确

（b）手指HMI屏确认车门打开正确

图 3-4-2　错开车门应急处置 2

（3）播放错开车门应急广播，汇报行车调度员，如图 3-4-3 所示。

（4）按照行车调度员命令播放清客广播进行清客作业，如图 3-4-4 所示。

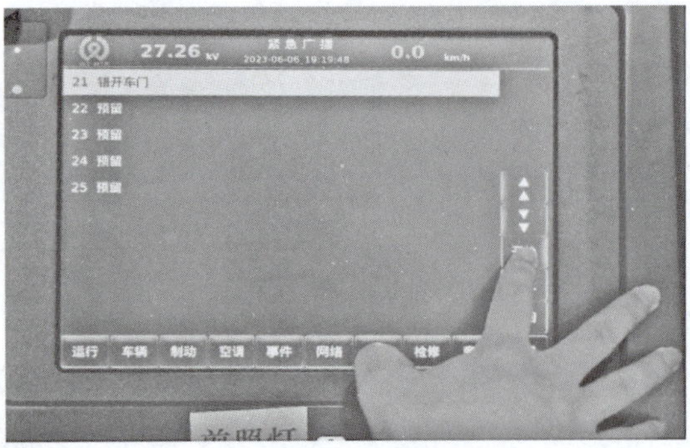

（a）播放错开车门应急广播

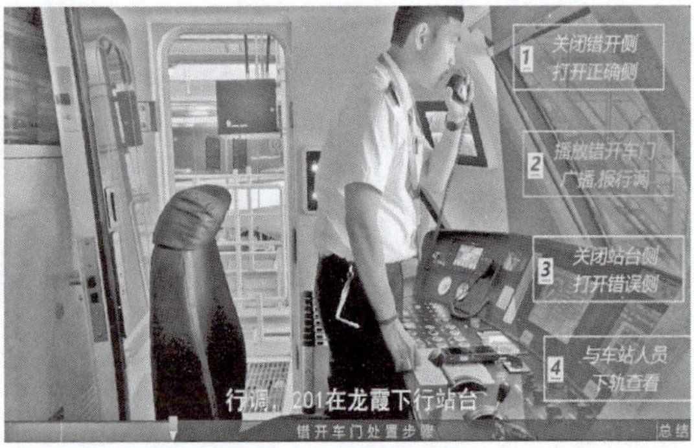

（b）向行车调度员汇报

图 3-4-3 错开车门应急处置 3

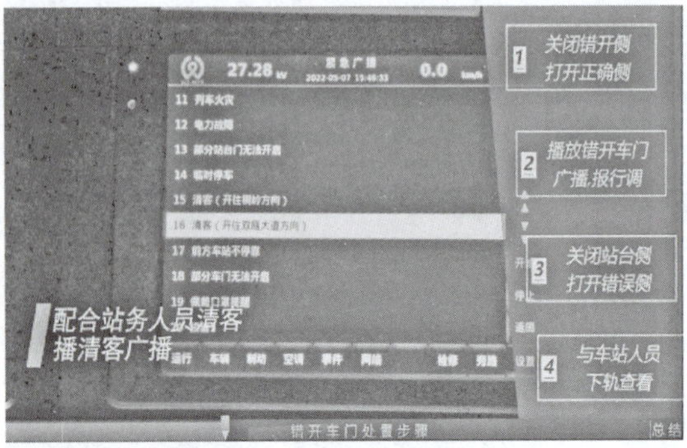

（a）播放清客广播

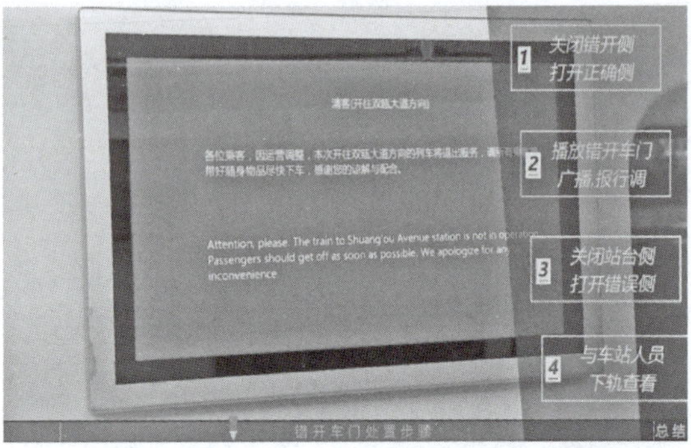

（b）清客广播内容

图 3-4-4 错开车门应急处置 4

（5）确认站务员好了信号，抬手回示，如图 3-4-5 所示。

（a）确认站务员信号

（b）抬手回示站务员

图 3-4-5 错开车门应急处置 5

（6）清客完毕后，关闭站台侧车门，如图 3-4-6 所示。

（7）报行车调度员清客完毕，将门旁路开关打至 DBY 位，打开错开侧车门，如图 3-4-7 所示。

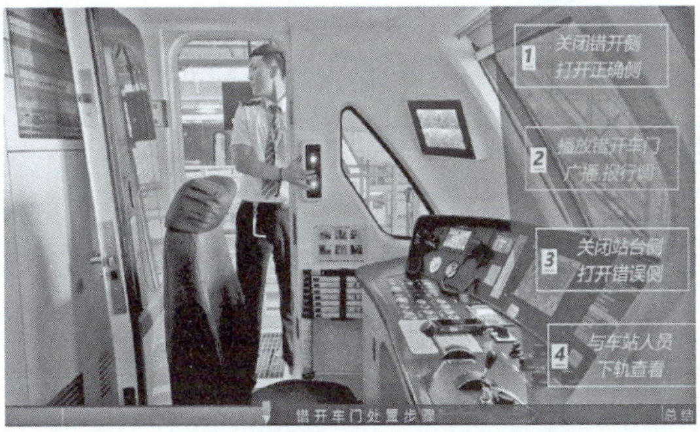

（a）按压侧墙关门按钮

（b）手指确认侧车门关闭

图 3-4-6　错开车门应急处置 6

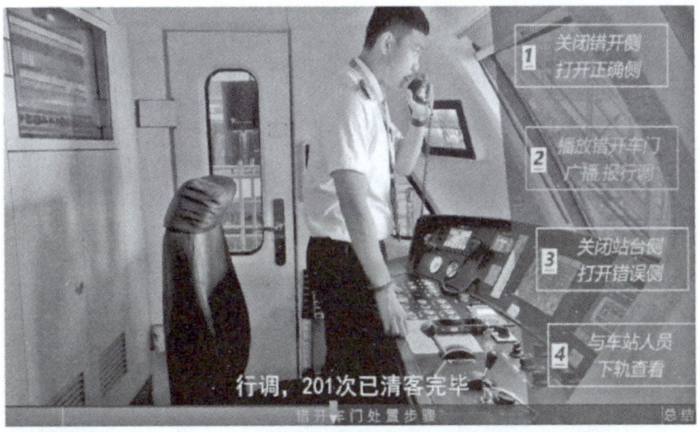

（a）向行车调度员汇报

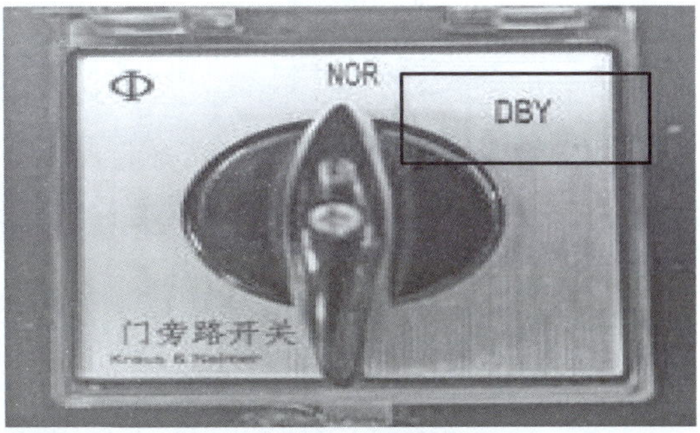

（b）门旁路开关至DBY模式

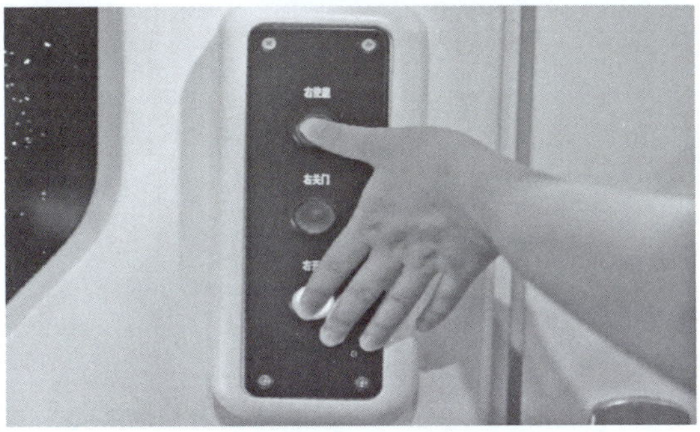
（c）打开错开侧车门

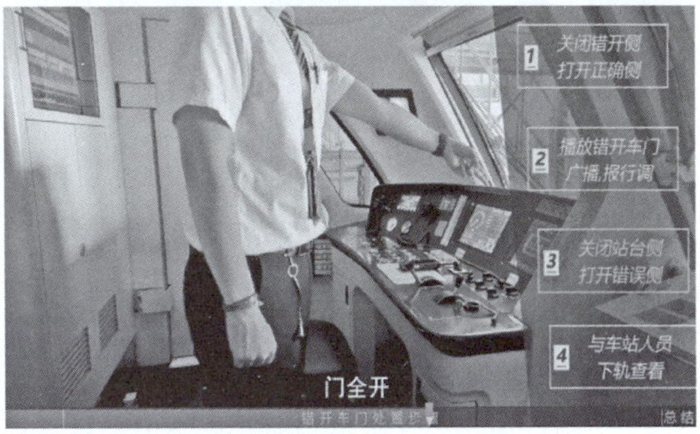

（d）手指确认错开侧车门打开

图 3-4-7　错开车门应急处置 7

（8）穿好荧光衣做好个人防护，施加停放制动做好防溜措施，如图 3-4-8 所示。

（a）做好个人安全防护

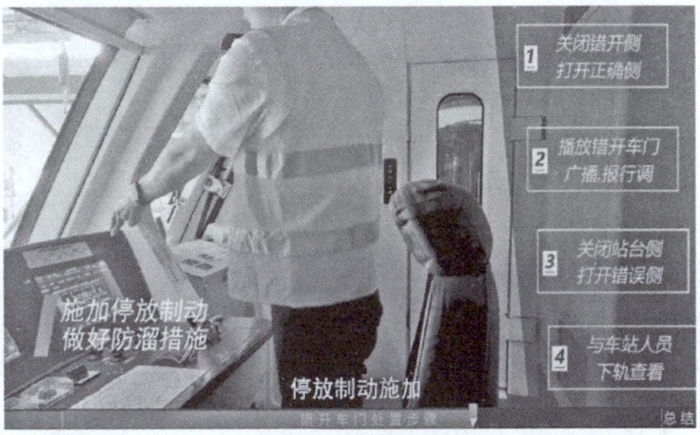

（b）手指确认停放制动施加

图 3-4-8　错开车门应急处置 8

(9)与车站人员共同下轨行区查看是否有人或物掉落,确定轨行区无人或物后,返回司机室关闭车门。报行车调度员,按行车调度员命令执行,如图 3-4-9 所示。

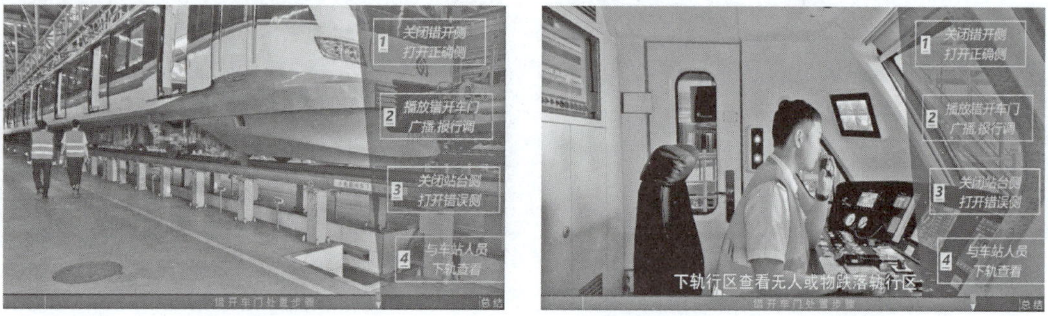

(a)查看轨行区　　(b)向行车调度员汇报

图 3-4-9　错开车门应急处置 9

注:若有人掉落轨行区,可以自行移动,司机协助车站人员将其带至站台;若无法自行移动,立即报行车调度员,按行车调度员命令执行。

视频

空隙夹人、夹物

二、空隙夹人、夹物应急处置

1. 列车关门时空隙夹人、夹物

(1)关门后,司机确认空隙夹人夹物,如图 3-4-10 所示。

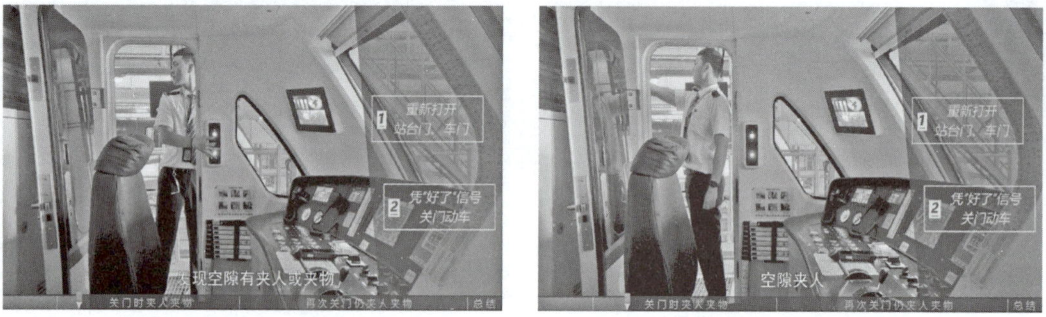

(a)关门作业,持续观察空隙　　(b)发现空隙夹人夹物

图 3-4-10　列车关门时空隙夹人、夹物处置 1

(2)立即将门模式打至 MM 位,重新开启车门、站台门,如图 3-4-11 所示。

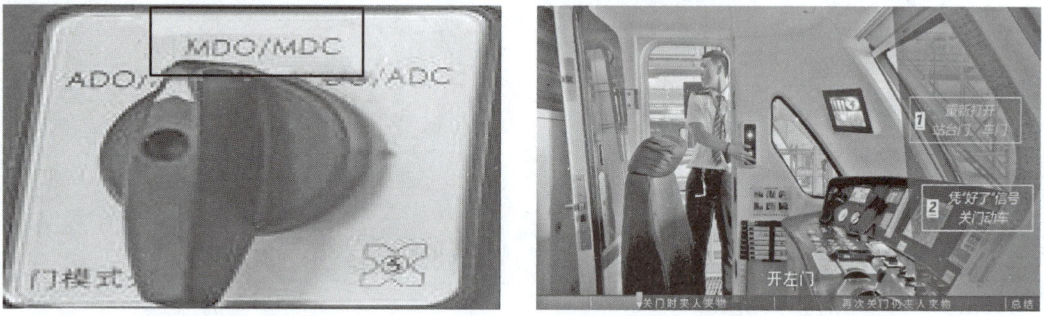

(a)门模式旋钮至MM模式　　(b)重新开启车门、站台门

图 3-4-11　列车关门时空隙夹人、夹物处置 2

(3)待车站人员现场处置完成后,凭车站人员好了信号关门,如图 3-4-12 所示。

(a)确认站务员信号

(b)关闭车门

图 3-4-12　列车关门时空隙夹人、夹物处置 3

(4)确认站台门关,空隙安全。车门关闭,动车后报行车调度员,如图 3-4-13 所示。

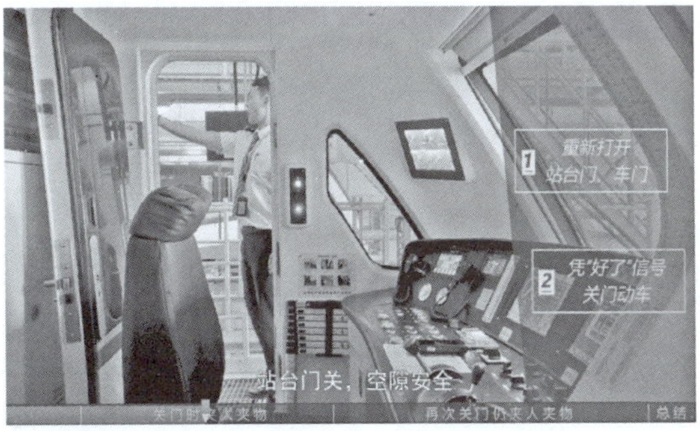

(a)确认站台门关，空隙安全

(b)向行车调度员汇报

图 3-4-13　列车关门时空隙夹人、夹物处置 4

2. 再次关门时仍夹人、夹物

(1)重新开门处理后,再次关门,发现车门和站台门间隙仍夹人、夹物,立即打开车门和站台门,报行车调度员,按行车调度员命令执行,如图 3-4-14 所示。

(a)确认空隙夹人

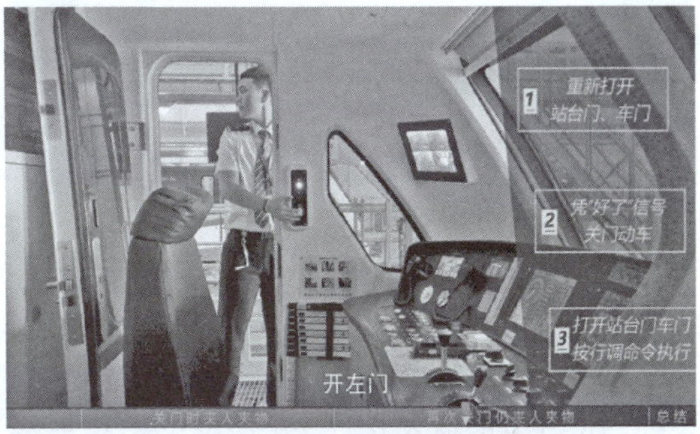

(b)打开车门和站台门

图 3-4-14　再次关门时仍夹人、夹物处置 1

(2)报行车调度员,做好乘客服务,按行车调度员命令执行,如图 3-4-15 所示。

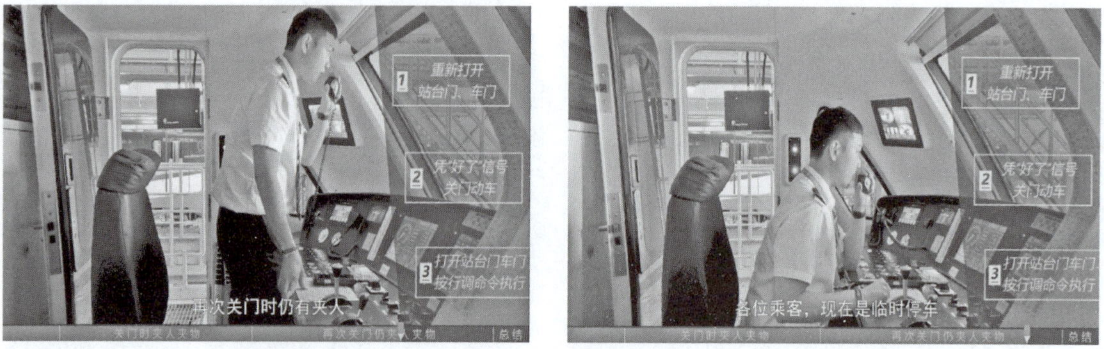

（a）向行车调度员汇报　　（b）进行应急广播

图 3-4-15　再次关门时仍夹人、夹物处置 2

3. 动车后列车产生不明原因紧急制动

若动车后列车产生不明原因紧急制动，报行车调度员，广播安抚乘客，按行车调度员命令执行。

三、乘客操作车门紧急解锁

视频

车门紧急解锁

1. 车门紧急解锁，列车迫停区间

（1）列车产生制动停车后，通过 HMI 屏确认车门所在位置，做好车门解锁和应急广播，如图 3-4-16 所示。

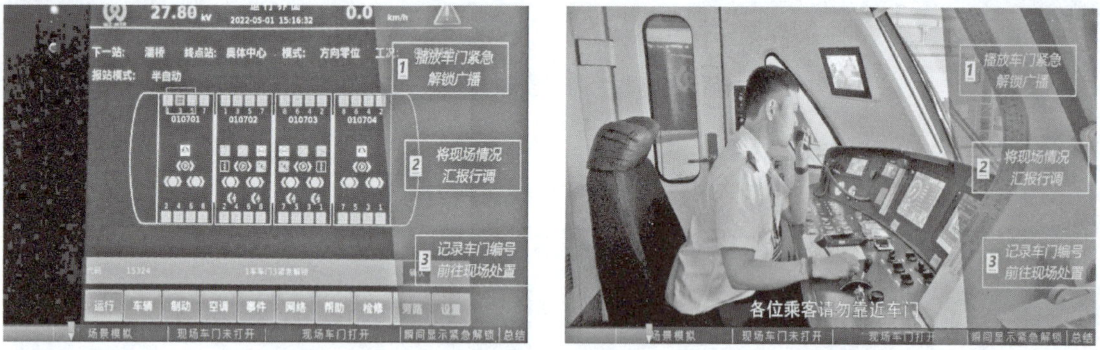

（a）HMI屏　　（b）进行车门解锁和应急广播

图 3-4-16　乘客操作车门紧急解锁处置 1

（2）报行车调度员，记录车门编号，凭行车调度员命令带上手持台、钥匙前往客室处理，如图 3-4-17 所示。

2. 现场车门未打开

（1）到达现场后确认车门编号，车门未打开，如图 3-4-18 所示。

（a）向行车调度员汇报

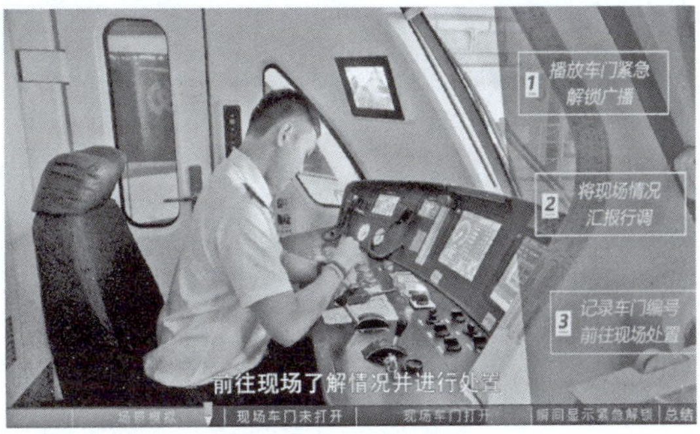

（b）记录相关信息

图 3-4-17　乘客操作车门紧急解锁处置 2

（a）手指确认车门编号

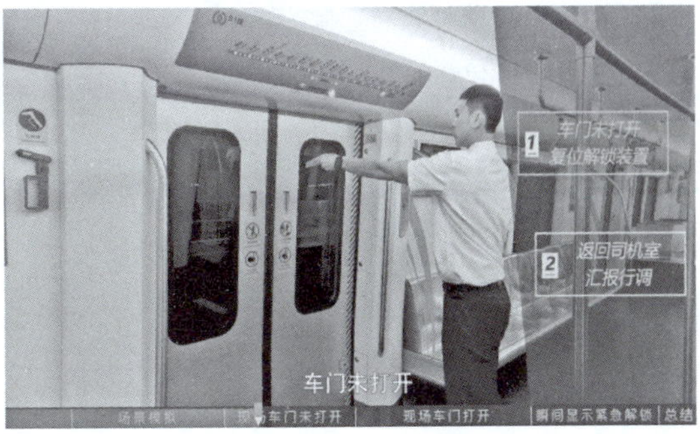

（b）手指确认车门未打开

图 3-4-18　乘客操作车门紧急解锁处置 3

（2）复位紧急解锁装置，如图 3-4-19 所示。

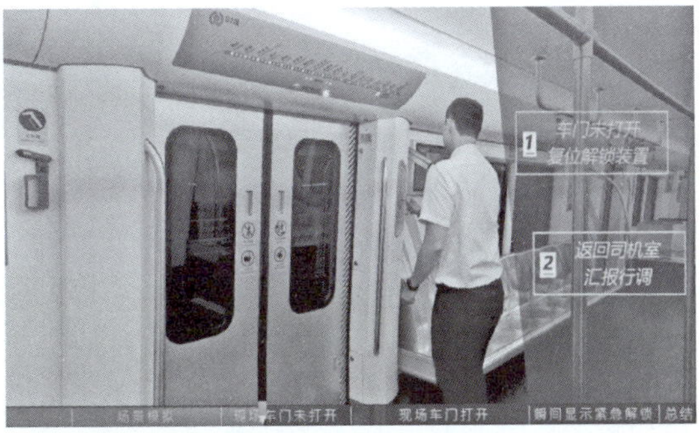

（a）复位紧急解锁装置

（b）手指确认紧急解锁装置已复位

图 3-4-19　乘客操作车门紧急解锁处置 4

（3）返回司机室，查看 HMI 屏确认车门关好，如图 3-4-20 所示。

（4）确认 HMI 屏无故障信息显示，报行车调度员，按其命令执行，如图 3-4-21 所示。

（a）手指确认车门关闭

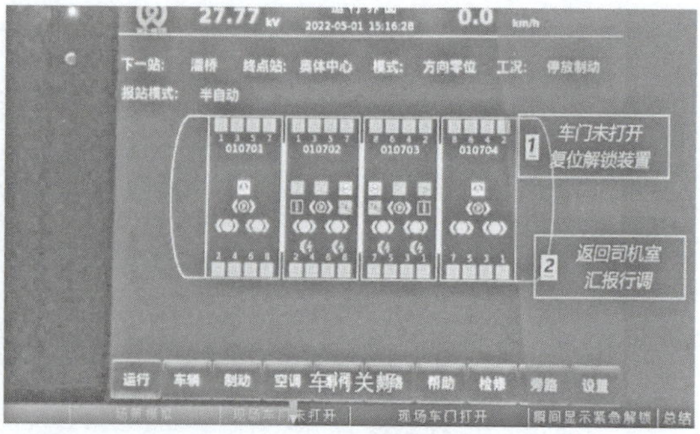

（b）HMI屏

图 3-4-20　乘客操作车门紧急解锁处置 5

（a）手指确认HMI屏无故障信息显示

（b）向行车调度员汇报

图 3-4-21　乘客操作车门紧急解锁处置 6

3. 现场车门被打开

（1）到达现场后确认车门编号，确认车门被打开，如图 3-4-22 所示。

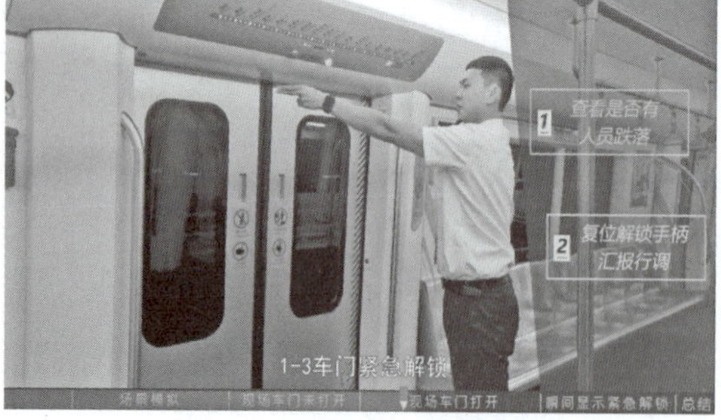

（a）手指确认车门编号

（b）手指确认车门已打开

图 3-4-22　乘客操作车门紧急解锁处置 7

（2）探身确认无人员跌落，复位解锁装置，如图 3-4-23 所示。若有人员跌落，报行车调度员按其命令执行。

（3）返回司机室，查看 HMI 屏确认车门关好，如图 3-4-24 所示。

（a）探身确认无人员跌落

（b）复位解锁装置

图 3-4-23　乘客操作车门紧急解锁处置 8

（a）手指确认车门关闭

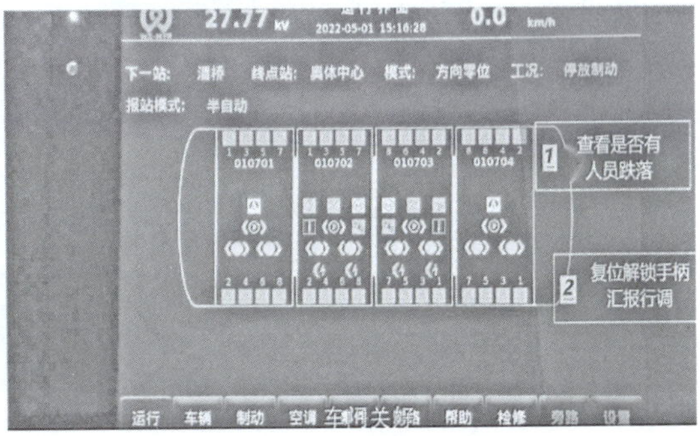

（b）HMI屏

图 3-4-24　乘客操作车门紧急解锁处置 9

（4）确认 HMI 屏无故障信息显示，报行车调度员，按其命令执行，如图 3-4-25 所示。

（a）手指确认HMI屏无故障信息显示

（b）向行车调度员汇报

图 3-4-25　乘客操作车门紧急解锁处置 10

4. 列车运行过程中，瞬间显示车门解锁，立即恢复正常

（1）立即通过 HMI 屏确认车门所在位置，维持列车运行进站，如图 3-4-26 所示。

（2）确认 HMI 屏无故障信息显示，将现场情况汇报行车调度员，按其命令执行，如图 3-4-27 所示。

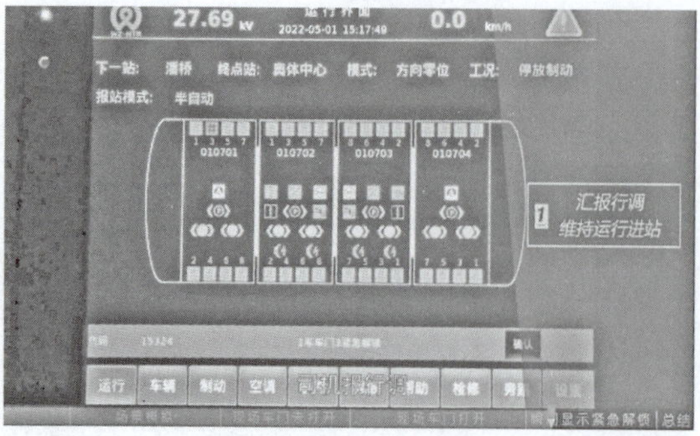

（a）HMI屏

（b）手指HMI屏确认提示信息

图 3-4-26　司机在 HMI 屏确认解锁车门信息

（a）手指HMI屏确认无故障信息显示

（b）向行车调度员汇报

图 3-4-27　确认无故障信息显示报行调继续运行

第五章

火灾应急处置

视频

火灾（爆炸）应急处置

一、列车在站台发生火灾

（1）接到列车火灾报警后，立即打开车门、站台门，如图 3-5-1 所示。

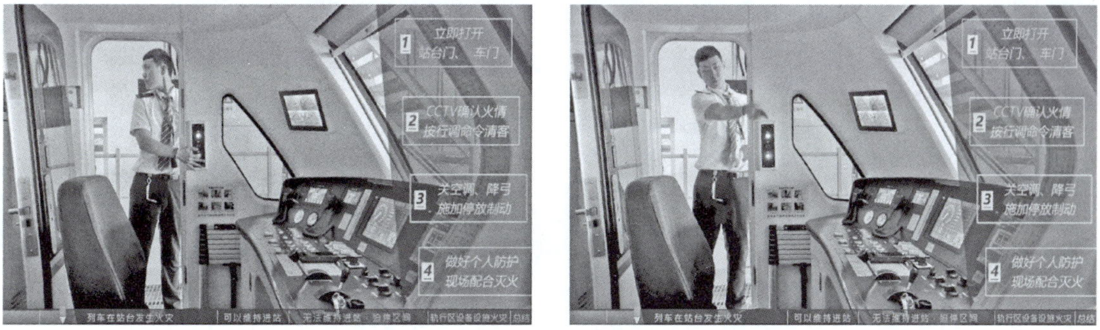

（a）打开车门、站台门　　（b）手指确认车门、站台门打开

图 3-5-1　列车在站台发生火灾处置 1

（2）通过 CCTV 查看起火位置及火势大小，确认发生火灾，报行车调度员，如图 3-5-2 所示。

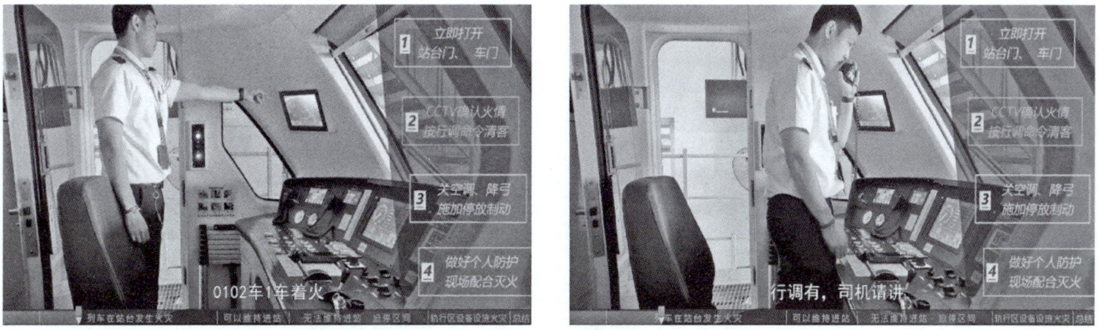

（a）手指确认火灾情况　　（b）向行车调度员汇报

图 3-5-2　列车在站台发生火灾处置 2

（3）立即进行广播清客，关闭列车空调，如图 3-5-3 所示。

（4）降弓（VCB 自动断开），施加停放制动，如图 3-5-4 所示。

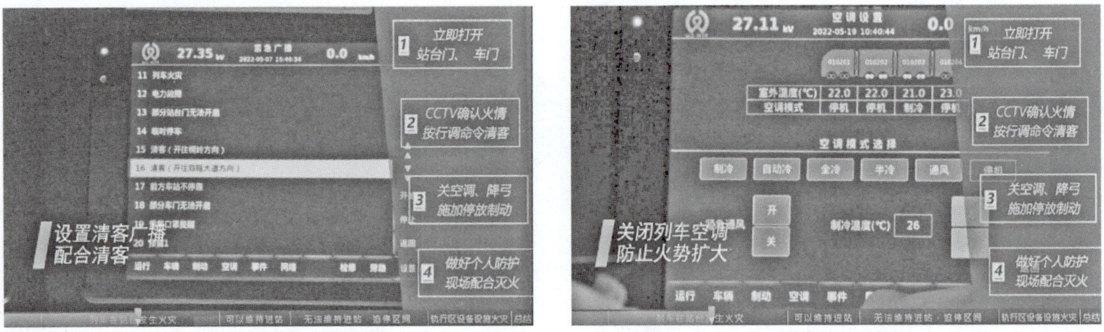

（a）播放清客广播　　（b）关闭列车空调

图 3-5-3　列车在站台发生火灾处置 3

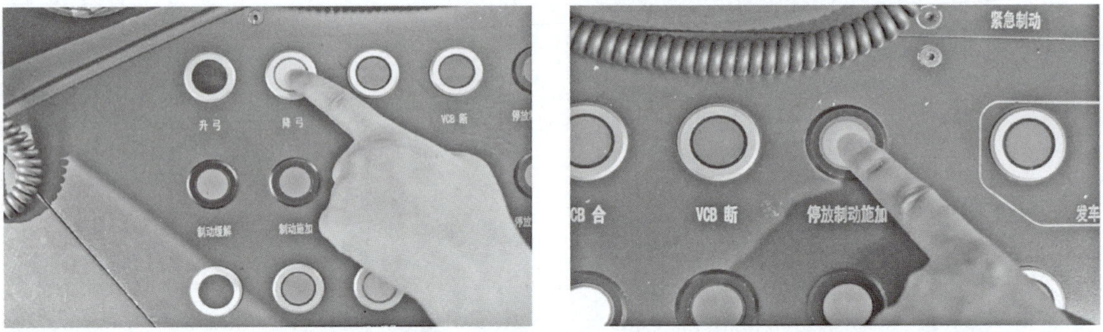

（a）按下降弓按钮　　（b）按下停放制动施加按钮

图 3-5-4　列车在站台发生火灾处置 4

（5）确认清客完毕，报行车调度员，如图 3-5-5 所示。

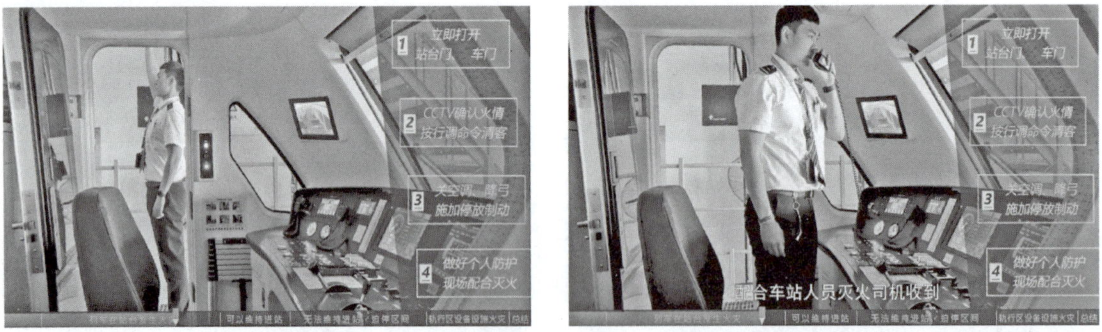

（a）确认清客完毕　　（b）向行车调度员汇报

图 3-5-5　列车在站台发生火灾处置 5

（6）经行车调度员允许，带好司机室灭火器、防毒面具及防护用品到现场配合车站人员尝试灭火，如图 3-5-6 所示。

（7）若火势较大无法扑灭，报行车调度员，按行车调度员指示远离着火点并做好自身防护。

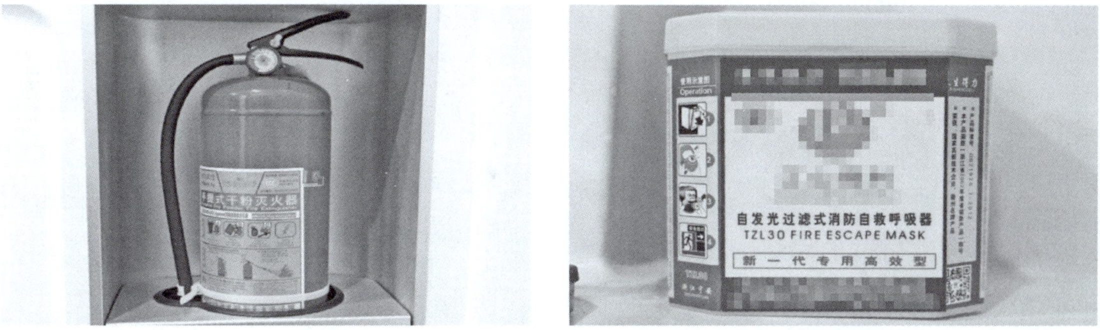

（a）灭火器　　　　（b）防毒面具

图 3-5-6　列车在站台发生火灾处置 6

二、列车在区间火灾，可以维持进站

（1）接到列车火灾报警后，通过 CCTV 确认起火位置、火势大小，确认发生火灾，如图 3-5-7 所示。

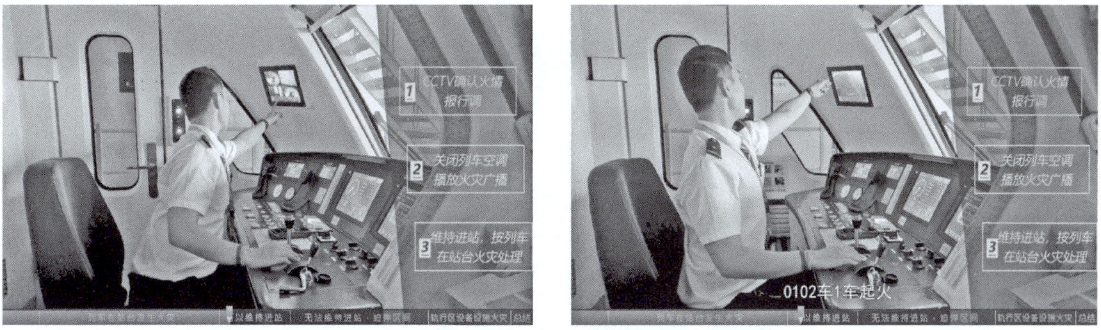

（a）查看CCTV　　　　（b）确认火情

图 3-5-7　列车在区间发生火灾可维持进站处置 1

（2）关闭列车空调，播放列车火灾广播，如图 3-5-8 所示。

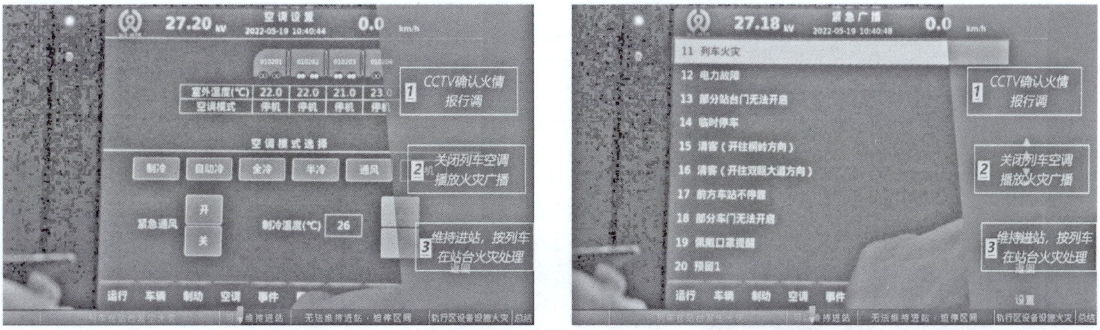

（a）关闭列车空调　　　　（b）播放列车火灾广播

图 3-5-8　列车在区间发生火灾可维持进站处置 2

（3）报行车调度员，维持运行至前方站处理，并通过列车广播组织乘客使用车厢灭火器进行初期灭火，如图 3-5-9 所示。

（a）向行车调度员汇报

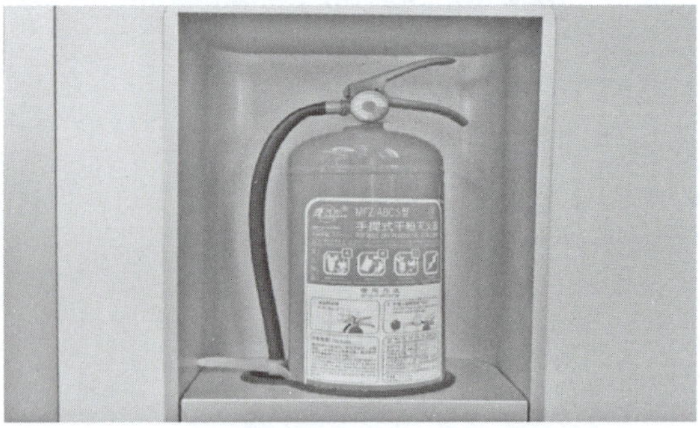

（b）车厢灭火器

图 3-5-9　列车在区间发生火灾可维持进站处置 3

（4）列车维持运行到达前方站后，按照列车在站台区发生火灾处置。

三、列车在区间火灾，无法维持进站，迫停区间

（1）若列车无法维持进站，迫停区间，报行车调度员，如图 3-5-10 所示。

图 3-5-10　列车在区间发生火灾迫停区间处置 1

（2）操作降弓按钮，降弓（VCB 自动断开），如图 3-5-11 所示。

（a）按下降弓按钮

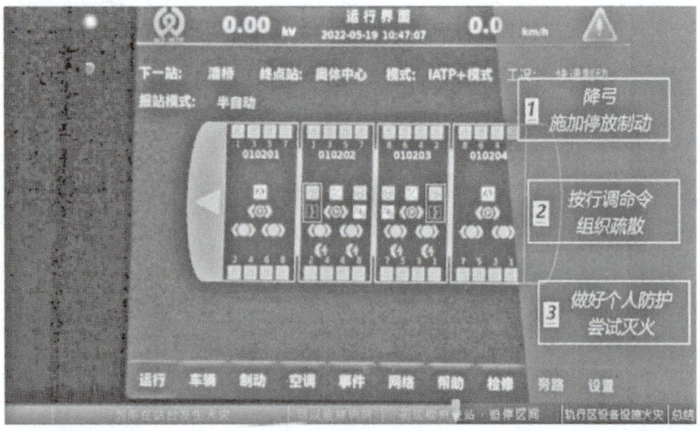

（b）HMI屏

图 3-5-11　列车在区间发生火灾迫停区间处置 2

（3）施加停放制动，做好防溜措施，如图 3-5-12 所示。

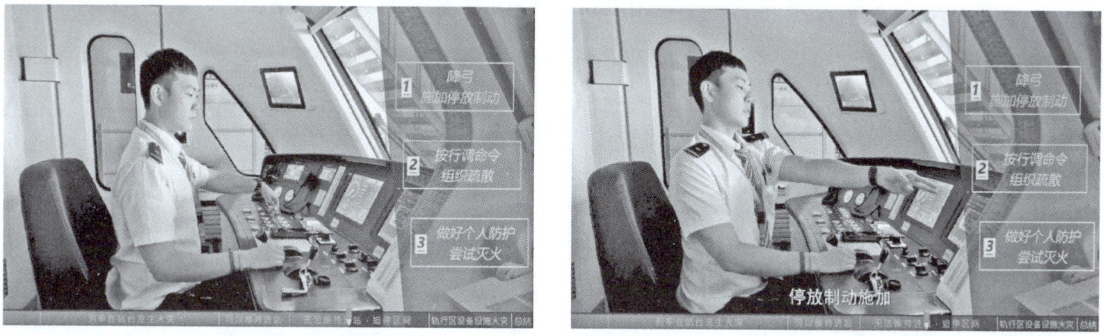

（a）按下停放制动施加按钮　　（b）手指确认停放制动施加

图 3-5-12　列车在区间发生火灾迫停区间处置 3

（4）按行车调度员命令组织疏散，并向行车调度员确认疏散方向和疏散方式，如图 3-5-13 所示。

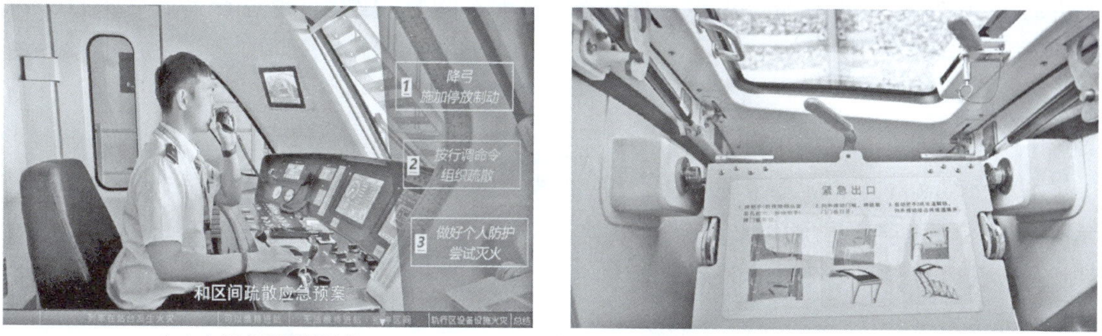

（a）向行车调度员汇报　　（b）打开逃生门和紧急疏散梯进行疏散

图 3-5-13　列车在区间发生火灾迫停区间处置 4

（5）待疏散完毕，司机做好个人防护，尝试灭火，若火势不可控，撤离至安全位置，报行车调度员，按行车调度员命令执行。

四、列车正线遇轨行区设备、设施火灾

（1）发现前方区间内发生火灾，立即停车，报行车调度员，广播安抚乘客，如图 3-5-14 所示。

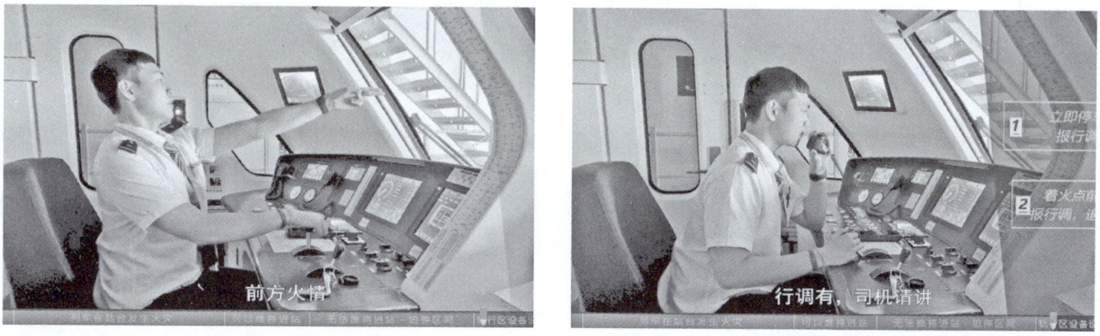

（a）手指确认前方发生火情　　（b）向行车调度员汇报

图 3-5-14　列车正线轨行区火灾处置 1

（2）列车在火灾前方停车，按行车调度员命令换端退回发车站，如图 3-5-15 所示。

（a）接收行车调度员命令

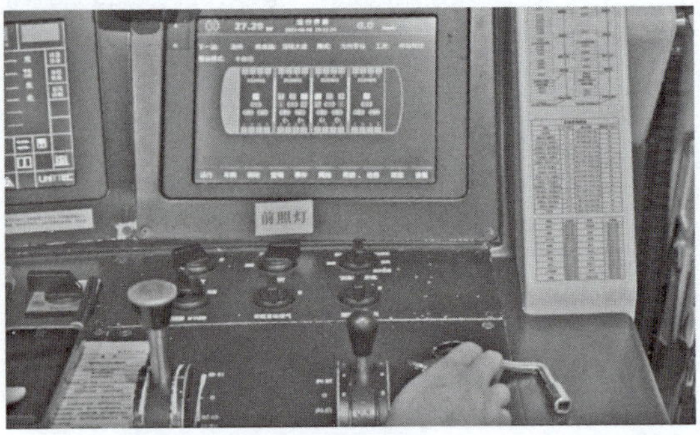

（b）换端激活主控钥匙

图 3-5-15　列车正线轨行区火灾处置 2

（3）列车停在火灾区域，立即启动列车离开火灾区域，将现场情况汇报行车调度员；列车无法动车，按行车调度员命令组织区间疏散；列车不能及时停车，越过着火点后报行车调度员。

本篇小结

本篇介绍面对突发应急事件时，信息的报告及处置原则和四类突发事件的应急处置规定和流程，包括行车类应急处置、设备类应急处置、人为因素应急处置、火灾应急处置作业流程。所涉及的内容是一个名市域动车司机必须熟练掌握的知识和技能，需要在以后的工作中不断强化练习。

巩固练习

1. 司机在处置突发事件时，报告对象有：________________________________。
2. 司机在处置突发事件时，报告内容有：________________________________。
3. 列车在站台发生火灾时如何处置？
4. 车门被紧急解锁如何处置？

附录

名 词 解 释

序号	名词简称	解释释义	英文全称
1	ADC	自动关门	automatic door closing
2	ADO	自动开门	automatic door opening
3	AM	自动模式	automatic mode
4	ATB	自动折返	automatic turn back
5	NOR	正常操作模式	normal operation mode
6	ZSBS	零速度旁路	zero speed bypass switch
7	ESS	紧急制动旁路开关	emergency stop switch
8	ATC	列车自动控制系统	automatic train control
9	ATO	列车自动驾驶子系统	automatic train operation
10	ATP	列车自动防护	automatic train protection
11	ATS	列车自动监控子系统	automatic train supervision
12	BCV	转向架气制动截断塞门	brake cut-off valve
13	BCU	制动控制模块	brake control unit
14	CBI	计算机联锁子系统	computer based interlocking
15	CC	车载控制器	carborne controller
16	DBY	车门旁路	door bypass
17	DCC	车场控制中心	depot control center
18	EBCU	电子制动控制模块	electronic brake control unit
19	HMI	人机交互	human machine interaction
20	MDC	车门手动关闭模式	manual door control
21	MDO	车门手动打开模式	manual door operation
22	NRM	非限制式人工驾驶模式	non restricted manual mode
23	OCC	运营控制中心	operation control center
24	PIS	乘客信息系统	passenger information system
25	PSL	就地控制盘	proximity switching logic
26	RM	限制人工驾驶模式	restricted manual mode
27	TCMS	列车控制和管理系统	train control and management system
28	TOD	司机显示器	train operator display
29	VCB	主断路器	vacuum circuit breaker